Inhalt

EVA-MARIA BAST | JULIA RIEß

Frankfurter
Geheimnisse

**50 SPANNENDE GESCHICHTEN AUS
DER BÜRGERSTADT**

Bast, Eva-Maria; Rieß, Julia
Frankfurter Geheimnisse – 50 spannende Geschichten
aus der Bürgerstadt

FRANKFURTER NEUE PRESSE in Kooperation mit:
Bast Medien GmbH, St.-Ulrich-Str. 11, 88662
Überlingen (verantwortlich)
2. Auflage 2020
ISBN: 978-3-946581-23-9

Copyright: Bast Medien GmbH
Ressortleitung: Heike Thissen
Lektorat: Lena Bast
Covergestaltung: Jarina Binnig, Cornelia Müller, Carina Regauer
Layout: Homebase – Kommunikation & Design, Jarina Binnig
Grafik: Maps4News & HERE (Karte)
Satz: Carina Regauer
Druck: Mohn Media Mohndruck GmbH, Gütersloh

Ein Titel aus der preisgekrönten Reihe „Geheimnisse der Heimat"

Vorwort

Frankfurt ist eine besondere Stadt. Weithin unterschätzt als Banken- und Wirtschaftsmetropole. Dabei ist hier viel mehr los. Die Stadt boomt. Die hier beheimateten Industriebetriebe füllen die ohnehin sehr gut gefüllte Stadtkasse weit mehr, als es die Geldhändler tun. Die in Deutschland ohnehin einzigartige Skyline wächst jedes Jahr. Groß im Kommen (und natürlich nur für Gut-Betuchte) sind neuerdings Wohn-Hochhäuser. Frankfurt ist seit Jahrhunderten Messestadt, und Frankfurt hat neben einem der wichtigsten Bahn-Drehkreuze auch den größten Flughafen der Republik, mit rund 80.000 Arbeitsplätzen ist er auch noch eine Job-Maschine.

Dabei ist Frankfurt weit mehr als nur Arbeitsort. Hier gibt es Kulturinstitutionen von Weltrang. Das berühmte Städel-Museum ist ein Magnet am so genannten Museumsufer, der Kulturmeile am Sachsenhäuser Ufer des Main. Oder nehmen wir das zentrale Theater mit Schauspielhaus und Oper am Willy-Brandt-Platz. Gerade wird über Generalsanierung oder Neubau diskutiert, ein Thema, das die gesamte Stadt beschäftigt. Immerhin beziffern Fachleute die Kosten auf über 800 Millionen Euro, mehr als die Elbphilharmonie in Hamburg kostete.

Egal, wie die Debatten in den nächsten Monaten laufen werden, die Bürger dieser Stadt werden eine gute (und teure) Lösung finden, denn viele der wichtigen öffentlichen Einrichtungen basieren auf dem ideellen und finanziellen Engagement von Frankfurter Bürgern, ob das nun das schon erwähnte Städel ist oder die innerstädtische Oase Palmengarten oder auch die Goethe-Uni im ehemaligen IG-Farben-Komplex. Die Bürger der ehemals freien Reichsstadt haben es über Jahrhunderte verstanden, ihre Heimat zu heutiger Größe und Bedeutung zu führen, nur sehr selten hatten hier andere Mächte das Sagen, wie ab 1866 die Preußen. Und sie schafften Lebensqualität, einen einzigartigen Grüngürtel um die Innenstadt, etliche Parks und ein gastronomisches Angebot, das seinesgleichen sucht.

So viel Geschichte, so viele historische Ereignisse prägen Frankfurt. Mit der Paulskirche sieht es sich zu Recht als Wiege der deutschen Demokratie. Der gerechte Lohn dafür, ab 1948 Hauptstadt der Bundesrepublik zu werden, scheiterte am ersten Bundeskanzler, an Konrad Adenauer, obwohl der Sitzungssaal für das künftige Parlament schon gebaut (heute residiert dort der Hessische Rundfunk) und die Paulskirche als Sitz des Bundesrats auserkoren war.

Frankfurt, diese alte Bürgerstadt mit römischen Fundamenten, östlichster Standort des lieblichen Rheingau(-Weingebiet)s, birgt viele Geheimnisse. Julia Rieß und Eva-Maria Bast haben sich aufgemacht, exakt 50 von ihnen wiederzuentdecken. Sie haben mit Zeitzeugen gesprochen, mit Historikern, professionellen und profunden Amateuren. Sie haben Alltägliches entdeckt, das spannend ist, aber jenen, die schon lange in dieser Stadt leben, gar nicht mehr auffällt. Das macht Ihr Buch so spannend. Ich wünsche Ihnen allen viel Spaß beim Stöbern und beim Lesen.

Beste Grüße

Joachim Braun
Chefredakteur Frankfurter Neue Presse

Die Autorinnen

Eva-Maria Bast, Jahrgang 1978, arbeitet seit 1996 als Journalistin. 2011 gründete sie mit Heike Thissen das Redaktionsbüro „Büro Bast & Thissen", das 2013 in „Bast Medien" überging. Eva-Maria Bast initiierte und schreibt die Buchreihe „Geheimnisse der Heimat", die 2011 startete, rasch zu einem regionalen Bestseller wurde und die 2017 in 42 Bänden vorliegt. Sie wurde für ihre Arbeit mehrfach ausgezeichnet, unter anderem erhielt sie mit dem Südkurier für die „Geheimnisse" den Deutschen Lokaljournalistenpreis der Konrad-Adenauer-Stiftung in der Kategorie „Geschichte". 2012 begann Bast sich auch der Belletristik zu widmen. Neben zwei Krimis erschien ihre Mondjahre-Trilogie, eine zeitgeschichtliche Jahrhundert-Saga. Seit Juni 2015 ist sie Gastdozentin an der Hochschule der Medien Stuttgart. 2016 erweiterte Bast ihr Verlagsprogramm um zwei neue Reihen. Außerdem brachte sie 2016 mit „Women's History" das erste deutschsprachige Magazin über Frauen in der Geschichte heraus. Eva-Maria Bast lebt mit ihrer Familie am Bodensee.

Julia Rieß, Jahrgang 1974, studierte in Coventry/England „Communications, Culture & Media" und schloss mit dem Bachelor of Arts (Hons) ab. Danach kehrte sie in ihre Heimatstadt Stuttgart zurück und war dort als PR-Beraterin und PR-Redakteurin tätig. Sie legte an der Universität Hohenheim ihr Diplom als Journalistin ab, bevor sie sich als freie Journalistin und Autorin ganz der schreibenden Zunft widmete. Seit 2009 lebt Julia Rieß mit ihrer Familie in Überlingen am Bodensee. Hier betreut sie als stellvertretende Chefredakteurin seit der Markteinführung im Jahr 2016 die im Bast Medien Verlag erscheinende Zeitschrift „Women's History – Frauen in der Geschichte" und ist Co-Autorin verschiedener Buchprojekte des Überlinger Verlags.

01

Löcher in der Paulskirche

Die Fahnen mussten umgehängt werden

„Unsere Stadt Frankfurt hat die Nachricht, dass sie zur Bundeshauptstadt gewählt wurde, keineswegs mit dem Gefühl irgendeines Triumphes gegenüber anderen deutschen Städten, die gleichfalls zur Wahl standen, aufgenommen", sagte Oberbürgermeister Walter Kolb (1902-1956) anno 1949. Moment! Frankfurt? Bundeshauptstadt? War es doch gar nicht, oder? Nein! Nur war sich Kolb offenbar so sicher, dass Frankfurt Bundeshauptstadt werden wird, dass er dem Hessischen Rundfunk schon mal ein Interview gab – das allerdings nie ausgestrahlt wurde.

Knapp 70 Jahre später steht Stadtführerin Verena Röse in der Paulskirche. Alles wirkt sehr akkurat: die Fahnen, die Stuhlreihen. Doch etwas irritiert: Zwischen den Fahnen finden sich auf der Höhe, in der die Masten an der Wand angebracht sind, zugespachtelte Löcher. Für Verena Röse sind sie mindestens ebenso wichtig wie die Fahnen selbst, denn sie stehen, wie die ganze Paulskirche, für ein großes Stück deutscher Geschichte. „Im Frühjahr 1989 hat man nach einer Renovierung des Innenraums die Fahnen der elf Bundesländer, und dazu die Deutsche Nationalfahne und die Frankfurter Stadtfahne, an die frisch gestrichenen Wände gehängt", erzählt Verena Röse. Und noch im selben Jahr kam im November der Mauerfall und im Oktober 1990 die Wiedervereinigung. Plötzlich hatte die Bundesrepublik nicht mehr nur 11, sondern 16 Länder. Also mussten die Fahnen in der frisch renovierten Kirche wieder abgenommen werden, um für die neuen Fahnen Platz zu machen und dann mit geringerem Abstand wieder aufgehängt zu werden. „Ich weiß nicht, ob einfach vergessen wurde, darüberzustreichen, oder ob man die Bohrlöcher als Erinnerung gelassen hat", sagt Verena Röse. Und ergänzt: „Ich finde das total charmant, denn es hätte ja nur einen Pinselstrich Farbe gebraucht, und die Bohrlöcher wären nicht mehr zu sehen gewesen. Das ist für mich eine sehr schöne Erinnerung an die Wiedervereinigung."

Verena Röse weiß, warum sich zwischen den Fahnen Löcher
in der Wand befinden.

Doch zurück ins Jahr 1949: Ob nun Frankfurt oder Bonn – die westdeutsche Bundeshauptstadt war nur als Provisorium, als vorläufiger Regierungssitz bis zu einer wie auch immer verwirklichten Wiedervereinigung gedacht. Und so verlor Bonn den Status nach der Deutschen Einheit von 1990 wieder.

Warum Frankfurt damals nicht Bundeshauptstadt wurde, dazu gibt es viele Varianten. Für Verena Röse ist diese die schlüssigste: „Ich glaube nicht, dass Frankfurt den provisorischen Charakter gehabt hätte, der damals so wichtig war." Sie zählt auf: „Frankfurt ist eine Stadt mit einer guten Infrastruktur. Mit internationalem Flughafen. Mit wirtschaftlicher Größe. Welchen Grund hätte es 1989 gegeben, nach Berlin umzuziehen? Man hätte damals ja nie gedacht, dass Deutschland so lange geteilt bleiben würde, und man stellte nie in Frage, dass Berlin nach dem baldigen Zusammenschluss wieder Bundeshauptstadt werden sollte."

Auch der damalige OB Kolb brachte in seiner Rede die Vorzüge Frankfurts zur Sprache: „Und da nun einmal hier in Frankfurt fast alle Einrichtungen bereits geschaffen sind, die eine Bundeshauptstadt benötigt, und außerdem diese Bundeshauptstadt so außerordentlich verkehrsgünstig gelegen ist, konnten es weite

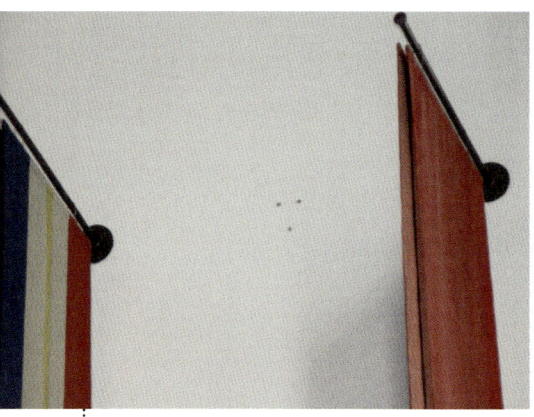

Die Fahnen der deutschen Bundesländer – und dazwischen Bohrlöcher.

Kreise nicht verstehen, dass diese Wahl so viel Kopfzerbrechen verursachte. Nun aber hat die Vernunft gesiegt. Möge der Geist dieser Entscheidung auch die künftige Arbeit der Bundesorgane bestimmen." Die Vernunft hat dann aus Kolbs Sicht eben doch nicht gesiegt.

Verena Röse macht noch eine Beziehung zwischen den Bohrlöchern und diesem Ereignis klar: „In diesem Raum hätte der Bundesrat getagt, wenn Frankfurt Hauptstadt geworden wäre." Das ist auch der

Grund dafür, warum die im Krieg zerstörte Paulskirche so schnell wiederaufgebaut wurde. „Man hat sie 1948 schon wieder eingeweiht, was erstaunlich war in einer Zeit, als es weder ausreichend Wohnungen noch Schulen oder Krankenhäuser gegeben hat. Frankfurt war so siegessicher, Hauptstadt zu werden", sagt die Frankfurterin.

„Ich finde das total charmant, denn es hätte ja nur einen Pinselstrich Farbe gebraucht und die Bohrlöcher wären nicht mehr zu sehen gewesen. Das ist für mich eine sehr schöne Erinnerung an die Wiedervereinigung."

Wie es ausgegangen wäre, wenn Kolbs Rede ausgestrahlt worden wäre – dann also, wenn Frankfurt wirklich Bundeshauptstadt geworden wäre, werden wir nie erfahren. Klar ist nur: 1990 hätte man dann in Frankfurt viel mehr zu tun gehabt, als nur ein paar Fahnen umzuhängen.

Eva-Maria Bast

....

So geht's zu den Löchern in der Paulskirche:

Sie sind im Plenarsaal der Paulskirche zu sehen. Die Paulskirche steht am Paulsplatz 11.

02

Sandsteinmadonna

Denkmal einer unerfüllten Liebe

Dass im Mittelalter eine Madonna an der Hausfassade angebracht wurde, war nicht ungewöhnlich. Doch dass die Madonna die Gesichtszüge der Tochter des Hauses trägt, vermutlich schon. „Die Madonna", sagt Sören Appuhn und zeigt auf die Ecke des Gebäudes, an der die Skulptur angebracht ist, „erzählt eine traurige Liebesgeschichte, die sich hinter diesen Wänden zutrug." Es handelt sich um das Steinerne Haus, in dem heute der Frankfurter Kunstverein untergebracht ist. „Im 15. Jahrhundert gab es vor allem Fachwerk", sagt der Gästeführer und erklärt, wie es zu diesem Namen kam: „Ein Steinhaus hatte Seltenheitswert. Nur wer vermögend war, konnte sich das leisten. Daher kommt übrigens der Ausdruck steinreich sein." Die Familie von Melem, die sich dieses Domizil am Römer baute, wollte aber vermutlich nicht nur ihren Reichtum zeigen. Neben dem Statussymbol hatte das Baumaterial Stein auch praktische Vorteile: Es schützte besser gegen Feuer.

Die von Melems waren keine gebürtigen Frankfurter, sondern Kölner. Als gut situierte Tuchhändler, die unter anderem auch mit Edelsteinen handelten, versprachen sie sich vom zentralen Messeort am Main gute Geschäfte, und so ließen sie sich dort nieder. Sie bauten im Jahr 1464 das Steinerne Haus, burgartig angelegt mit dekorativem Wehr-

Die heute zu sehende Madonna ist eine Kopie des Originals, das bei den Luftangriffen 1944 schwer beschädigt wurde und nur noch fragmentarisch im Historischen Museum erhalten ist.

Sören Appuhn weiß: Hinter dieser Sandsteinfigur steckt eine traurige Liebesgeschichte.

gang, Eck-Erkern und hohem Walmdach. Nachdem die Familie samt den Töchtern Katharina und Ursula schon einige Jahre in Frankfurt heimisch geworden war, entschied sich der Vater Johann von Melem (1433-1484), an der Ecke des Hauses, die dem Römerberg zugewandt ist, eine Madonna anbringen zu lassen. Also engagierte er einen aus Frankfurt gebürtigen Steinmetz namens Andreas. Als dieser und Ursula sich sahen, stellten sie fest, dass sie sich noch aus Jugendzeiten kannten. Die Verbindung war schon damals innig gewesen, und das schien sie nun immer noch zu sein. Aber sie durften sich nicht lieben, weil sie aus unterschiedlichen Verhältnissen stammten. Ursula sollte standesgemäß verheiratet werden. Bald hielt ein Kaufmann aus Köln um ihre Hand an, der Vater gab seine Zustimmung: Die beiden sollten heiraten. Aber Ursula liebte heimlich und innig Andreas.

Eines Morgens kamen Ursula und ihr Vater an der Werkstatt vorbei, Andreas war weg. Doch im Raum stand die Madonna mit dem Kind. „Ursula und ihr Vater schauten der Skulptur ins Gesicht und stellten fest, dass das Gesicht genau die Züge von Ursula trug. Sie wussten sofort: Andreas hatte die Liebe seines Lebens in Stein gemeißelt", erzählt Sören Appuhn, „und das Kind, das er gerne mit ihr gehabt hätte, dazu." Auch der Vater musste nun begreifen, dass das Herz seiner Tochter Andreas gehörte, und er musste akzeptieren, dass sie den Kaufmann aus Köln nicht heiraten wollte. Andreas aber war weg – und wurde auch nie wieder gesehen.

„Ursula hat nie geheiratet. Das steckt hinter der Sandsteinmadonna. Ja, es ist eine traurige Liebesgeschichte", sagt Appuhn mit Blick auf die Skulptur. Ob der Steinmetz Andreas wohl ahnte, wie lange seine Madonna von seiner großen Liebe erzählen würde?

Julia Rieß

....

So geht's zur Sandsteinmadonna:

Das Steinerne Haus liegt am Markt 42-44 mit der Nordseite zur Braubachstraße und mit der Vorderseite zum Markt. An der Hausecke, die Richtung Römer zeigt, ist die Sandsteinmadonna angebracht.

*Ein wichtiger Mann für Deutschlands Biergeschichte hat
einen Ehrenplatz am Rathaus bekommen.*

03

Bierbrauer

Sehr zum Wohle am Rathaus

D er Mann hält etwas in der Hand, eine Schöpfkelle scheint
es zu sein, und in der anderen das Brauerwappen mit
Gerste und Hopfen. Im Gegensatz zu den Herren, die ihm
– in steinerner Form – Gesellschaft leisten, ein Metzger
zum Beispiel, stellt er nichts her, was man essen kann. Aber trinken!
„Diese Skulptur zeigt einen Bierbrauermeister", sagt Stefanie Reimann. „Und zwar nicht irgendeinen! Man hat ihm die Gesichtszüge
von Conrad Binding verliehen." Zu unserem Termin hat sie ein Foto
mitgebracht, zeigt es und sagt: „Die Ähnlichkeit ist frappierend." In
der Tat: Der Mann an der Rathausfassade ist dem Bierbrauer wie aus
dem Gesicht geschnitten. Entdeckt hat die Stadtführerin das, als sie
durch die Stadt ging und nach Kuriositäten suchte. Der Mann mit der
Schöpfkelle und dem Getreide kam ihr irgendwie bekannt vor. Die
Frankfurterin machte sich auf die Suche nach Hinweisen und wurde

im Institut für Stadtgeschichte fündig. Die königlichen Bauräte des Alten Rathauses, Franz von Hoven (1842-1924) und Ludwig Neher (1850-1916), haben Binding hier von Bildhauern in Stein verewigen lassen. „Alle neun Handwerker, die am Alten Rathaus die Zünfte vertreten, hatten wohl lebende Vorbilder. Aber ganz sicher ist man nur bei Conrad Binding und dem Metzger neben ihm mit dem schönen Namen Karl Marx", sagt Stefanie Reimann. Doch nur Conrad Binding hat es vom Handwerker in der Altstadt zum Unternehmer auf dem Sachsenhäuser Berg gebracht und ein Imperium aufgebaut.

Stefanie Reimann hat es entdeckt: An der Fassade befindet sich ein Mann mit dem Gesicht des Bierbrauers Conrad Binding!

Conrad Binding (1846-1933) erblickte am 23. Dezember 1846 das Licht der Welt. „Sein Vater, Chef einer erfolgreichen Bäcker-Dynastie, wollte eigentlich, dass er Jura studiert", erzählt Stefanie Reimann. Doch Conrad hatte eigene Pläne mit sich und seinem Leben. Nach einer Lehre bei Küfermeister Raumer in Sachsenhausen und beim Aschaffenburger Bierbrauermeister Dahlem ging er bis 1869 auf Wanderschaft durch Süddeutschland, Österreich und Frankreich und kaufte nach seiner Rückkehr nach Frankfurt im Sommer 1870 im zarten Alter von 23 Jahren die Brauerei Ehrenfried Glock. Die stand am Garküchenplatz 7 und er zahlte dafür 84.000 Gulden.

Die Brauerei lief gut, elf Jahre später war sie dreißigmal so groß wie bei ihrer Übernahme am 1. August 1870. Conrad Binding errichtete auf dem Sachsenhäuser Berg ein neues Unternehmensgebäude und zog mit Kesseln und Kellen um. „Er hat dort ein richtiges Imperium aufgebaut", sagt Stefanie Reimann. Denn die Firma wuchs weiter: 1919 übernahm sie die Actien-Brauerei Homburg v. d. Höhe. „Er hat sich dann auch relativ früh entschlossen, aus seiner Binding-Brauerei eine Aktiengesellschaft zu machen", erzählt die Frankfurterin: 1921 fusionierte Binding mit der Frankfurter Bürgerbrauerei und der Mainzer Hofbierbrauerei Schöfferhof zur Schöfferhof-Binding-Bürgerbräu AG. „Conrad Binding war von einem regionalen Bierbrauer aufgestiegen zu Deutschlands Marktführer", zollt die Stadtführerin der unternehmerischen Leistung Respekt. „Er hat den Geschäftssinn seiner Familie geerbt und sein Vermarktungstalent sehr geschickt eingesetzt." Auch in anderer Hinsicht sei Binding eine interessante Persönlichkeit gewesen: „Er hatte viele Kontakte zu der Künstler-Kolonie Kronberg und trat als Mäzen auf. Und er hat auch den Zoo unterstützt, zum Beispiel hat er ein Nilpferd mit dem hübschen Namen Lieschen gekauft", nennt Stefanie Reimann einige Beispiele. „Außerdem war er der Erste, der sich ein Ticket am Frankfurter Bahnhof gekauft hat. Das war 1888."

Der Zweite Weltkrieg setzte der Brauerei schwer zu, die Gebäude fielen bei einem Luftangriff zu großen Teilen in Schutt und Asche. Das hat Binding, der 1933 im Alter von 87 Jahren starb, aber nicht mehr erleben müssen. „Bis 1967 hat sein Neffe noch im Vorstand der Binding-AG gearbeitet", sagt Stefanie Reimann. Das Unternehmen, das 1953 Teil des Oetker-Konzerns wurde, überstand auch diese Herausforderung, und der Erfolgskurs ging weiter. Heute darf sich die Brauerei die größte Hessens nennen. Auf dem rund 56.000 Quadratmeter großen Firmengelände sind an die 500 Mitarbeiter beschäftigt. Seit 2002 gehört die Brauerei zur Radeberger Gruppe, die als größter Braukonzern Deutschlands rund 13 Millionen Hektoliter Bier pro Jahr produziert.

Kein Wunder, dass man diesem großen Unternehmer, der die Grundlagen für all das legte, am Rathaus eine Skulptur widmete. Prosten wir ihm doch zu. Mit einem kühlen Bier aus seiner eigenen Produktion. Vielleicht prostet Conrad Binding hoch oben auf seiner Wolke ja zurück!

Eva-Maria Bast

So geht's zum Bierbrauer:

Man kann die Skulptur am Alten Rathaus an der Fassade zur Bethmannstraße 3 entdecken. Sie befindet sich rechts über dem Eingang.

04

Geschützkugel
Ein Stück Geschichte zum Anfassen

Was steckt denn da in der Mauer am Tiefkai? Wer weiß, wo er suchen muss – und das Grün, das an der Kaimauer wächst, zur Seite schiebt – hat ein Stück Geschichte zum Anfassen: „Das ist eine Steinkugel, die Zeugnis eines der denkwürdigsten militärischen Ereignisse ist, die Frankfurt je erlebt hat, nämlich der Belagerung der Stadt im Jahr 1552", sagt der Frankfurter Historiker Björn Wissenbach.

Es handelt sich um eine Geschützkugel, die vom Sachsenhäuser Berg hier herübergeschossen wurde, wahrscheinlich mit einer Kanone des Kurfürsten Moritz von Sachsen (1521-1553), und der Belagerung im 16. Jahrhundert zugeordnet werden kann. Sie steckt noch immer in der Mauer und ragt zur Hälfte daraus hervor. Im „Fürstenkrieg" des sächsischen Kurfürsten Moritz und seiner Verbündeten gegen Kaiser Karl V. (1500-1558) bezogen kaiserliche Truppen ab Anfang Mai 1552 das zuverlässig kaisertreue Frankfurt als Stützpunkt. Die Messestadt wurde zum zentralen kaiserlichen Militärstützpunkt im Westen. Daraufhin belagerten und beschossen die feindlichen Truppen von Moritz von Sachsen ab dem 17. Juli 1552 drei Wochen lang die Stadt. „Natürlich nicht nur mit dieser, sondern mit vielen Geschützkugeln. Doch nur die, die in der Tiefkaimauer steckt, ist erhalten geblieben. Die Kugeln, die in der Altstadt in irgendwelchen Häusern und Brandwänden steckten, gingen in den 1940er-Jahren im Zweiten Weltkrieg durch das Abbrennen der Altstadt verloren. Weitere Geschützkugeln sind zwar im Historischen Museum zu sehen, doch die kann man nicht zuordnen", erklärt Wissenbach.

Frankfurt hielt der Belagerung und dem Beschuss stand, die Truppen des katholischen Kaisers unter Führung des Obersten Konrad von Hanstein (1500-1553) verteidigten die Stadt. Und das trotz widriger Umstände, denn die Stadtmauer war schon kurz nach ihrer Fertigstellung im 16. Jahrhundert militärisch und technisch wieder veraltet gewesen. Sie war als mittelalterliche Verteidigungsanlage für den Kampf mit Hieb- und Stichwaffen, Bogen und Arm-

Das Geschoss aus dem 16. Jahrhundert steckt noch in der Mauer.

brust konzipiert – und nicht als Schutz vor Kanonenangriffen, wie sie nun im Fürstenkrieg bevorstanden, geeignet. Hanstein ließ jedoch in kürzester Zeit die Stadtbefestigung auf einen zeitgemäßen Stand bringen, provisorische Bastionen aufschütten und die gotischen Turmhelme des Bockenheimer und des Friedberger Tores abwerfen, damit sie nicht der eigenen Artillerie im Weg standen.

21

Während die Truppen tapfer kämpften, konnte im Hauptquartier des Kurfürsten in Rödelheim der Passauer Vertrag – der so heißt, weil er in Passau verhandelt worden war – unterzeichnet und am 2. August 1552 der Frieden geschlossen werden. Dieser Vertrag gewährte zwar nur einen befristeten Waffenstillstand bis zum nächsten Reichstag – die Reichstage wurden in unregelmäßigen Abständen einberufen – doch er setzte dem Fürstenkrieg ein Ende und bereitete den Augsburger Religionsfrieden von 1555 vor. Die Belagerung war beendet. „Es war wohl die größte militärische und diplomatische Leistung der Frankfurter Geschichte", sagt Björn Wissenbach. „Die Stadt hatte mit Erfolg für ihre Privilegien als Messeplatz und als Wahl- und Krönungsort der Römischen Kaiser gekämpft. Von da an wurden fast alle Kaiser in Frankfurt nicht nur gewählt, wie schon vorher üblich, sondern auch feierlich gekrönt."

„Das ist eine Steinkugel, die Zeugnis eines der denkwürdigsten militärischen Ereignisse ist, die Frankfurt je erlebt hat, nämlich der Belagerung der Stadt im Jahr 1552."

„Dass die Mauer samt Geschützkugel hier noch als das letzte Stück aufrecht stehender Stadtbefestigung aus dem 14. Jahrhundert steht und auch immer sichtbar war, ist der Tatsache zu verdanken, dass das hier Hochwassergebiet ist", erklärt Wissenbach. „Die Mauer war ursprünglich noch ein Stück höher. Aber als das Neubaugebiet ab 1780 gebaut wurde, also die Straße Schöne Aussicht und das Fischerfeldviertel, hat man sie einfach ein Stück runtergekürzt und als Futtermauer genommen, um die Häuser quasi in den ersten Stock zu stellen. Das schützt sie vor Hochwasser."

Julia Rieß

....

So geht's zur Geschützkugel:

Sie befindet sich am Tiefkai östlich der Alten Brücke in der Mauer, ein paar Meter rechts vom Mainpegelmesser.

Dr. Carsten Wenzel weiß, was es mit dieser ungewöhnlichen Abbildung auf sich hat.

05

Phallus mit Flügeln
Symbol des Glücks

In einem Kreuzgang würde man viel erwarten. Aber keinen Phallus. Schon gar nicht mit Flügeln. Auf einem hier ausgestellten Sandsteinblock ist aber genau das zu sehen: ein reliefartig gearbeiteter Phallus mit Flügeln. Ihm gegenüber kniet eine Frau, die kleiner ist als das männliche Geschlechtsteil und es stützt. Bei genauem Hinsehen entdeckt man, dass sie mit ihrer anderen Hand einen weiteren, kleineren Penis hält, der auf ihren Schoß zielt. Und schließlich lässt sich noch erkennen, dass das ungewöhnliche Gebilde mit den zwei

Phalli auch noch Füße hat! Die Abbildung ist nicht komplett erhalten, sondern die Spitze des größeren Phallus ist offenbar ergänzt worden, wie man an der abweichenden Steinstruktur an dieser Stelle deutlich sehen kann.

Dr. Carsten Wenzel, provinzialrömischer Archäologe und Mitarbeiter des Archäologischen Museums, hat eine spannende Erklärung für diese ungewöhnliche Abbildung, schränkt aber gleich ein: „Über die Herkunft des Steines wissen wir eigentlich sehr wenig. Es gibt eine Fundmeldung von 1823, in der es heißt, er sei ‚bei einem Bade‘ gefunden worden." Wenzel ist sich sicher, dass der Stein um das 3. Jahrhundert in einem Haus verbaut war – deutlich sichtbar, zur Straße hin. Eine Zeitlang habe man vermutet, dass er auf ein römisches Bordell, ein „Lupanar" hinweist, Wenzel schließt das aber quasi aus: „Wir kennen aus der römischen Zeit nur ein einziges Bordell. Und das ist in Pompeji." Andererseits seien aber aus dem römischen Reich – und der Stein stammt ja aus der Frankfurter Römerzeit – Hunderte vergleichbarer Steine bekannt. In einem Buch über Pompeji zeigt der Archäologe mehrere solcher Abbildungen – zwar keinen Penis mit Flügeln, aber ein Phallussymbol und darüber den Spruch: *Hic habitat felicitas,* was so viel bedeutet wie: Hier wohnt das Glück. Und das weise den Weg zur Erklärung, sagt Dr. Wenzel: „Diese geflügelten männlichen Geschlechtsteile, oder überhaupt die männlichen Geschlechtsteile, stehen für die Fruchtbarkeit und für Glück. Zugleich sind es unheilabwehrende Symbole. Wenn jemand so etwas an der Hauswand hängen hatte, bedeutete das: Glück nach innen und Böses muss draußen bleiben." Bei einem Urlaub in Tunesien habe er selbst „bei jedem dritten oder vierten Haus" so einen Stein gesehen. Nicht exakt in dieser Darstellung mit der knienden Frau, aber geflügelte männliche Geschlechtsteile in verschiedenen Variationen. „Wenn die Schilder jeweils auf Bordelle hinweisen würden, hieße das, dass in jedem dritten oder vierten Haus ein Bordell war, das ist geradezu lächerlich", sagt Wenzel. Die Abwehr des Bösen durch das geflügelte männliche Geschlechtsteil

„Diese geflügelten männlichen Geschlechtsteile, oder überhaupt die männlichen Geschlechtsteile, stehen für die Fruchtbarkeit und für Glück."

hält er für viel wahrscheinlicher: „Die antiken Menschen haben sich ja ständig von magischen Kräften umgegeben gefühlt." Ein schönes Beispiel, das heute noch bekannt ist, seien Türknaufe mit Löwenköpfen. „Die waren in der Römerzeit auch schon vorhanden und hatten eine andere Funktion als heute. Denn sie sollten nicht nur schön aussehen, sondern der Löwe war auch der Türwächter. Er hat gegen Einbrecher geschützt." So sei auch der geflügelte Penis als Schutz gegen alle Arten von Übel zu verstehen. Und als Symbol für das Glück, die Fruchtbarkeit und den Wohlstand der Besitzer. Auch auf Gefäßen aus der Römerzeit, sogar auf solchen, die für die Asche der Verstorbenen dienten, fänden sich derartige Darstellungen, sagt Wenzel – auch hier wieder als Symbole des Glücks und der Abwehr des Bösen – also um den Verstorbenen zu schützen.

Ein Phallus mit Flügeln. Und das in einem Kloster!

Wenzel weist auch nochmal auf die Stelle hin, an der der Phallus restauriert wurde. „Man kann sich fragen, warum gerade diese Stelle", sagt er. Der Archäologe vermutet, dass Gäste des Hauses beim Eintritt über die Spitze des männlichen Geschlechtsteils strichen, um Glück ins Haus zu bringen. Derartige Praktiken (wenn auch nicht mit Phallussymbolen) findet man heute noch häufig. Menschen glauben immer noch, es bringe Glück, bestimmte Figuren oder Symbole an bestimmten Stellen zu berühren. „Es geht also um ein glücksbringendes Symbol und nicht um einen Hinweis auf ein Bordell", schlussfolgert Wenzel und ergänzt noch ein interessantes Detail über das horizontale Gewerbe in der Römerzeit: „Obwohl wir nur *ein* Bordell für diese Zeit kennen, gehen wir davon aus, dass auch die Bedienungen in Kneipen sich für die Liebe bezahlen ließen." Es gebe sogar Rechnungsbelege aus jener Zeit, an denen sich das nachweisen lasse. Und Hunderte von entsprechenden Graffiti, die darauf hindeuten: Die Kunden schrieben sinngemäß eine Bewertung an die Hauswand der Dame, die sie besuchten. Wenzel: „Da konnte man sich informieren, wo was geboten wird und mit wem. Das ist die reinste Pornographie, was da drinsteht."

Und der Weg des Steines? Von einem privaten oder öffentlichen Gebäude im 3. Jahrhundert in den Kreuzgang des Karmeliterklosters? Wenzel geht davon aus, dass der Stein sich an einem Haus befand, das nach dem Weggang der Römer Ende des 3. Jahrhunderts ebenso wie viele andere Gebäude zerfiel. „Später haben die Landwirte dann auf diesen Flächen Äcker bestellt. Und die haben sich am Anfang natürlich erst einmal furchtbar geärgert. So lange da noch die römischen Ruinen standen, waren die im Weg." Doch dann seien die Landwirte darauf gekommen, dass diese schönen, schweren Steine ihren Wert haben, und hätten sie verkauft. „Das ist auch für die Stadt Frankfurt im 15. Jahrhundert belegt, da hat man die Ruinen als Steinbruch genutzt."

Manch ein Stein sei auch liegen geblieben und im Laufe der Jahrhunderte im Boden versunken. „Im 19. Jahrhundert haben die Bauern die Steine dann systematisch ausgegraben, weil die Felder so schlecht zu bearbeiten waren." Am Anfang hätten sie sich, wie ihre mittelalterlichen Vorgänger, darüber geärgert. „Doch dann haben sie irgendwann begriffen, dass sie ihre Funde für viel Geld verkaufen können. Das hat eine richtige Goldgräberstimmung ausgelöst." Und der Stein mit den geflügelten Phallussen sei vermutlich im Zuge einer solchen Ausgrabung wohl in der Nähe eines Bades gefunden und dann verkauft worden. Insofern hat er seinen Zweck erfüllt und seinem Finder Glück in Form von Geld gebracht.

Eva-Maria Bast

....

So geht's zum Phallus mit Flügeln:

Man kann ihn im Kreuzgang des Karmeliterklosters entdecken – auf der dem Eingang gegenüberliegenden Seite. Das Karmeliterkloster steht in der Münzgasse 9.

*Seine Kaiserliche Hoheit Prinz Asfa-Wossen Asserate
steht vor dem für ihn so bedeutenden Epitaph.*

06

Epitaph
Der Vater der Äthiopistik

„Die Frankfurter wissen ja gar nicht, was für ein Juwel sie in dieser Stadt haben", sagt Dr. Prinz Asfa-Wossen Asserate. „Deshalb möchte ich Ihnen dieses Geheimnis zeigen." Es ist ein Geheimnis, das für ihn eine ganz besondere Bedeutung hat.

Doch der Reihe nach: Prinz Asfa-Wossen Asserate ist Mitglied des äthiopischen Kaiserhauses, Sohn des letzten Präsidenten des kaiserlichen Kronrates, Herzog Asserate Kassa (1922-1974), und seiner Ehefrau

Prinzessin Zuriash Worq Gabre-Iqziabher. Er studierte in Deutschland und Cambridge und war deshalb in Deutschland, als 1974 in seiner Heimat die kommunistische Revolution ausbrach. „Mein Vater wurde ein Opfer der Revolution, meine Mutter und meine Geschwister wurden

16 Jahre lang in Sippenhaft genommen. Ich konnte nichts tun", bedauert der Prinz. Nach Äthiopien durfte er auch nicht, denn bis er 1981 die deutsche Staatsbürgerschaft bekam, war er staatenlos, die äthiopische wurde ihm aberkannt. „Das war eine schlimme Zeit", sagt er. „Sie können alles werden, aber werden Sie niemals staatenlos." Und heimatlos.

Doch der Prinz fand eine neue Heimat. In Frankfurt. Und er fand den Grabstein des Hiob Ludolf (1624-1704), der sich außen an der Katharinenkirche befindet. „Er hat im 17. Jahrhundert gelebt und gilt allgemein als Vater der Äthiopistik. Wir haben es ihm zu verdanken, dass Deutschland das Mutterland der Äthiopistik geworden ist." Denn Hiob Ludolf sei der Erste gewesen, der die äthiopische Sprache weltbekannt machte und ein erstes Alt-

Epitaph für Hiob Ludolf, den Vater der Äthiopistik.

äthiopisches Lexikon verfasste. Jedes Mal, wenn er an einer Universität Vorträge zur Äthiopistik halte, steige er mit der Frage an seine Studenten ein, ob sie wussten, dass es an der deutschen Universität Äthiopistik gab, bevor es Germanistik gegeben hat, erzählt der äthiopische Prinz, der mit dem Buch „Manieren" weltweite Berühmtheit erlangte. „Germanistik ist ja eine Erfindung des 19. Jahrhunderts. Und lange davor gab es schon die Äthiopistik", konkretisiert Seine Kaiserliche Hoheit.

Hiob Ludolf sei laut der Neuen Deutschen Biographie „einer der gebildetsten Männer des späten 17. Jahrhunderts" gewesen und habe sich schon als ganz junger Mann neben seinen Universitätsstudien in Medizin und Jura mit fremden Sprachen beschäftigt: „Er beherrschte etwa 25 europäische und orientalische Sprachen, besonders zogen ihn die äthiopischen Sprachen Amharisch und Geʼez an. Dafür erstellte er sich aufgrund fehlender Hilfsmittel selbst Grammatiken und Lexika", sagt Prinz Asserate. Außerdem sei er seit 1651 unter anderem als Prinzenerzieher, Berater, Kammerdirektor, Archivar und Bibliothekar am Hofe von Herzog Ernst dem Frommen (1601-1675) in Gotha tätig gewesen.

> „Wir haben es ihm zu verdanken, dass Deutschland das Mutterland der Äthiopistik geworden ist."

„Er war ein typischer und auf vielfältige Weise tätiger Privatgelehrter", charakterisiert er den Sprachforscher aus dem 17. Jahrhundert. „Bei einer Reise nach Rom lernte er 1649 den äthiopischen Mönch Abba Gorgoryos, kennen. So entstand auch das Wörterbuch." Insofern könne man sagen, es sei das erste Mal gewesen, dass deutsch-äthiopische Beziehungen gepflegt wurden. Mehrere Monate habe die Arbeit an dem Altäthiopisch-Lexikon gedauert.

Nachdem sowohl Ludolfs Gemahlin als auch der Herzog gestorben waren, zog er 1678 an den Main. „Er glaubte, dass er an diesem schon damals wichtigen Handels- und Finanzplatz seine Studien und seine umfangreiche Korrespondenz mit bedeutenden Briefpartnern aus ganz Europa optimal fortführen könne", erklärt Prinz Asserate die Ortswahl. Auch die berühmten Bibliotheken hätten eine Rolle gespielt. „In Frankfurt fand Hiob Ludolf Muße und Zeit, war frei von beruflichen Verpflichtungen, widmete sich seinen wissenschaftlichen Vorhaben und vollendete sie", sagt die Kaiserliche Hoheit und berichtet weiter: „Dem Privatgelehrten standen junge Wissenschaftler, so genannte Amanuenses, zur Seite. Sie logierten im Hause Ludolfs und unterstützten ihn durch Reinschriften sowie Korrekturarbeiten vor der Drucklegung." Auch über den Wohnort Ludolfs hat er eine Vermutung: „Wenn die raren Hinweise in den Quellen zutreffen, hatte er sein Domizil am Rossmarkt." Ludolf habe hier bis zu seinem Tod im April 1704 sehr viel gearbeitet: „Seine wichtigsten Werke wurden somit in Frankfurt zu Ende gebracht und bei Johann David Zunner in Frankfurt verlegt. Seine hebräischen und äthiopischen Bücher und Manuskripte sowie die äthiopischen Lettern und Patrizen finden sich in der Universitätsbibliothek Johann Christian Senckenberg, das Testament befindet sich im Institut für Stadtgeschichte."

Dr. Asfa-Wossen Asserate findet die schriftstellerische Tätigkeit nicht zuletzt deshalb so faszinierend, weil er selbst nicht nur Unternehmensberater für Afrika und den mittleren Osten und politischer Analyst, sondern eben auch Autor ist. Der Äthiopier, der in Frankfurt eine Heimat gefunden hat, kommt oft zu dieser Kirche und zu dem Epitaph. „Die Inschrift beschreibt in lateinischer Sprache seinen Werdegang, seine Reisen quer durch Europa, seine Tätigkeit am Gothaer Hof, seine vielfältigen Beraterfunktionen für europäische Fürsten, seine Äthiopisch-Studien und die Namen seiner drei früh verstorbenen Ehefrauen, die aus Frankfurter Patrizierfamilien stammten", erklärt er. „Er lebte 26 Jahre, bis zu seinem Tod im April 1704, in Frankfurt am Main."

In Äthiopien sei Ludolf zwar nie gewesen. Aber seine Forschungen gelten bis heute als wissenschaftlicher Grundstein der Äthiopistik. Seine Kaiserliche Hoheit sagt: „Ist es nicht großartig, dass wir diesen bedeutenden Menschen hier haben?"

Eva-Maria Bast

So geht's zum Epitaph:

Es hängt an der Ostfassade der Katharinenkirche. Diese steht mitten in der Stadt, unweit der Hauptwache.

Christian Setzepfandt erinnert sich noch gut an die Frau, die hier lebte: die Quetsche-Lilli.

07

Haus der Quetsche-Lilli

Der Geschmack von Eppelwoi

Einer hat den Bembel hingestellt, also die dickbauchige Steingutkanne, in der Eppelwoi ausgeschenkt wird. Das war der Wirt. Einer hat die Brezeln in die Gastwirtschaft gebracht und dort verkauft, das war der Brezel-Bub. Der nächste hat gebackene Main-Fische gebracht, in Pergament eingeschlagen. Die Frau, die sie „Apriköschc" nannten, sorgte folgerichtigerweise für Aprikosen. Eine andere buk zuhause Makronen, was ihr den Namen „Makrönsche" einbrachte. Und die Quetsche-Lilli, deren bürgerlicher Name Lilli Mühl (1904-1988) war, die war für die Zwetschgen zuständig. „Sie alle haben vom Eppelwoi gelebt, auch wenn sie keine Eppelwoi-Wirte waren", erzählt Christian Setzepfandt. „Sie haben quasi für das Drumherum gesorgt."

Dieses Gebäude gab einst einem ganz besonderen Frankfurter Original ein Zuhause.

Setzepfand ist in Alt-Sachsenhausen zuhause und hat die Quetsche-Lilli noch persönlich gekannt. „Sie wohnte in diesem kleinen Haus", sagt er und zeigt auf das Gebäude. „Das war immer mit unglaublichen Blumenkästen geschmückt, die Leute kamen von weit her, um das zu sehen." Irgendwann hatte sie aber keine Lust mehr, Zwetschgen zu verkaufen. „Und dann ist sie stattdessen von Tisch zu Tisch gegangen und hat böse Lieder gesungen. Ich sehe es noch genau vor mir. Das war so eine Kleine im Dirndl." Die übliche Reaktion auf die Gesänge beschreibt Christian Setzepfandt so: „Man gab ihr was zu trinken und sagte ihr: Komm, geh fort. Und dann ist sie weitergezogen."

Eine echte Kultfrau sei die Quetsche-Lilli gewesen. „Sie gehörte, wie viele in Alt-Sachsenhausen, quasi zu den fliegenden Händlern, die im weitesten Sinne ja auch vom Apfelwein-Boom gelebt haben, weil sie dadurch ihre Waren verkaufen konnten", sagt Setzepfandt. Das sei das Schöne am Eppelwoi: „Es ist eine Szene, die die ganze Nachbarschaft mitbestimmt und zusammengebracht hat. Und das macht es spannend."

Entstanden sei das Lieblingsgetränk der Frankfurter im 17. Jahrhundert. „Damals gab es eine kleine Eiszeit, in der für rund 30 Jahre die Temperatur gesunken ist und der Wein dadurch einfach nichts mehr wurde. Die Äpfel kamen dann im Grunde als Ersatz für die Trauben in die Kelter." An einem Wort lasse sich das besonders schön aufzeigen: „Die Trierer und Saarländer nennen Apfelwein ja Viez. Und das kommt von Vize, also dem Zweiten."

Der Apfelwein sei aber von jeher das Getränk der bäuerlichen, kleinen landwirtschaftlichen und handwerklichen Vororte gewesen, sagt Setzepfandt. „Und da gehört Sachsenhausen eindeutig dazu." Was daraus wurde, ist bekannt: Der Frankfurter liebt seinen Eppelwoi und lässt nichts darauf kommen! „Der Bundesdeutsche Durchschnittsbürger trinkt 1,5 Liter Apfelwein und der Durchschnittshesse 12,8 Liter pro Jahr. Und wir Frankfurter in etwa 46 Liter", macht Christian Setzepfandt die Dimension klar. Besonders gerne konsumiert der Frankfurter sein „Stöffche" in Stadtteilen wie Sachsenhausen, wo man sich beim Eppelwoitrinken niemals alleine an einen Tisch setzt, sondern immer zu jemandem dazu, mit dem man dann spricht oder schweigt – ob man sich kennt, oder nicht. Dazu gibt's Handkäs mit Musik, das heißt mit Zwiebeln und einer Marinade, oder Frankfurter Grüne Soße.

„Einer für die Farbe, einer für die Säure und einer für die Süße."

„In der Regel sind im Apfelwein drei Sorten Äpfel enthalten", sagt Christian Setzepfandt. „Einer für die Farbe, einer für die Säure und einer für die Süße." Und dank der Vielfalt ist beim Eppelwoi auch garantiert für jeden was dabei. „Auf der Welt gibt es 20.000 verschiedene Apfelsorten, in Deutschland ungefähr 1.500", sagt der Frankfurter, der auch Eppelwoi-Seminare anbietet. „Aber Sie können nicht aus jedem Apfel einen Apfelwein machen." Man unterscheide zwischen Tafel- und Kelteräpfeln. Ein Golden Delicious zum Beispiel habe „keinen Charakter für Wein. Der hat nicht die nötige Säure. Die späteren Sorten wie Boskoop oder Goldparmäne sind eher kelterfähig". Setzepfandt sprach's und trank einen Schluck Goldparmäner.

Der Genuss desselben sei wärmstens empfohlen. Wer mag, kann noch eine Zwetschge dazu essen. Und dabei an Quetsche-Lilli denken.

Eva-Maria Bast

....

So geht's zum Haus der Quetsche-Lilli:

Es steht in Alt-Sachsenhausen in der Großen Rittergasse 67.

Mainpegelmesser
Wo Schuh auf Meter trifft

Schuh-Maas ueber dem 0-Punct Rheinische Frankfurter Schuh", liest Historiker Björn Wissenbach die Inschrift auf der Mauer vor. Die Schrift ist schwer zu erkennen. Unwahrscheinlich, dass Spaziergänger sie wahrnehmen. Doch selbst wenn man sie besser entziffern könnte: Was ist ein Schuh-Maas, und vor allem: Warum ist das in diese Mauer gemeißelt? „Zu diesem Pegelmesser gibt es keine Aufzeichnungen, Dokumentationen oder sonstigen schriftlichen Unterlagen", erklärt der Historiker, „doch auf ein paar Dinge können wir schließen."

Auf dem Mainpegelmesser in der Kaimauer sind drei Maß-Systeme angegeben: links das „rheinische Maß", in der Mitte der „Frankfurter Schuh" und rechts das metrische System, das im 19. Jahrhundert nach und nach eingeführt wurde. Björn Wissenbach glaubt: „Das dritte Maß rechts, die Meterangaben, hat man wahrscheinlich in den 1820er-Jahren zusätzlich eingemeißelt. Es gibt keine Angabe, wann die nun freie Stadt Frankfurt das metrische System eingeführt hat. Doch weil Darmstadt es 1825 machte, müsste es auch in Frankfurt um diese Zeit gewesen sein." Erst im Jahr 1872 war das metrische System für das im Jahr zuvor entstandene gesamte Deutsche Reich verbindlich.

Bevor das einheitliche metrische System eingeführt wurde, war die Pegelmessung in Frankfurt eine komplizierte Angelegenheit. Rhein und Main wurden mit unterschiedlichen Maßen, dem Rheinischen Schuh und dem Frankfurter Schuh, gemessen, gleichzeitig hängen Rhein- und Mainpegel aber unmittelbar zusammen. „Wenn in Frankfurt der Pegel steigt, dann ist klar, dass der Pegel in Köln auch steigen wird. Diese Information mittels Brieftauben zeitig versandt, konnte eine Katastrophe verhindern", erläutert Wissenbach. Darum sind beide Maßeinheiten auf der Frankfurter Stadtmauer verewigt. Mit dem Mainpegelmesser wurde in erster Linie die Flusstiefe bestimmt und damit auch, wann und wo welche Schiffe passieren konnten.

Björn Wissenbach hat interessante Dinge über den Pegelmesser herausgefunden.

Doch auch für die Bevölkerung war der Wasserstand in der Main-metropole stets ein wichtiges Thema, denn Frankfurt wurde immer wieder von Hochwassern heimgesucht. Bereits aus dem Jahr 1192 wird berichtet, dass „eine Hochflut die alte Mainbrücke eingerissen" habe. Das schlimmste Hochwasser aber, das Frankfurt je erlebt hat, trat am 21. Juli 1342 auf.

Es ist am Vorabend des „Magdalenen-Tages", als sintflutartige Regenfälle und ein Sturm den Main über seine Ufer treten lassen. „Man konnte mit dem Ruderboot im Dom herumfahren", beschreibt Wis-senbach das Szenario. Das Wasser fließt über die Brücke, und „neun Schuh hoch" steht es in der Weißfrauenkirche, berichtet die Chronik. Sachsenhausen versinkt im Wasser und muss evakuiert werden. Die neu erbaute Brücke (die heutige Alte Brücke) stürzt zusammen. Auf der Sachsenhauser Mainseite wird der Brückenturm nebst Kapelle fortgerissen. Lediglich auf der Frankfurter Seite bleibt die Brücke in rudimentären sechs Bögen stehen. Wie viele Todesopfer die Flut for-dert, verschweigt die Chronik.

An dem Mainpegelmesser wurden keine Hochwassermarken gesetzt, doch bestimmt hat man ihn immer gut im Blick behalten. Heute ist der Pegelmesser fast nur noch für Bauhistoriker von Nutzen, die stets mit historischen Beschreibungen von Bauwerken und Entfer-nungen und daher mit den alten Maßeinheiten konfrontiert sind. Denn der Pegelmesser ist einzigartig in der direkten Zusammenstel-lung von Rheinischem und Frankfurter Schuh samt metrischem Sys-tem. „Ansonsten ist dieses faszinierende Zeugnis der Geschichte kaum bekannt", sagt Björn Wissenbach.

Julia Rieß

So geht's zum Mainpegelmesser:

Am Tiefkai östlich der Alten Brücke, unterhalb der Schönen Aussicht 16, ist in der Mauer der Mainpegelmesser zu finden.

Ein Löwe verspeist einen Ritter – doch eigentlich geht es hier um einen Königsstreit!

Löwe mit Ritter

Zwei streiten sich um die Kaiserkrone

„Können Sie diese Darstellung dort oben sehen, wo der Löwe einen Ritter frisst?" Alexander Ruhe deutet auf ein Relief über einem der Südportale am Dom. Tatsächlich! Da verspeist doch einfach ein Löwe einen Ritter! Der Löwe ist zwar ein Tier, aber er gilt als der König der Tiere. Und ein Ritter ist zwar ein Mensch, aber er steht in der Rangordnung weit unter dem König. Der Historiker weiß, dass dieser Löwe nicht nur einfach Hunger hat, den er mit dem Verspeisen des Ritters zu stillen gedenkt, sondern dass mehr dahintersteckt: „Der Löwe ist Karl IV. Und der Ritter ist Günther von Schwarzburg. Die Szene stellt einen Streit um das Amt des Kaisers dar", erklärt Ruhe und holt etwas weiter aus, um die durchaus komplexe Geschichte zu erzählen.

Die beginnt eigentlich schon mit dem Wittelsbacher Ludwig IV. (1282/1286-1347). Ludwig der Bayer, wie er genannt wurde, war römisch-deutscher König und der erste Wittelsbacher auf dem römisch-deutschen Kaiserthron. Doch seine rasante Machtpolitik führte zu großen Spannungen mit den weltlichen Fürsten, was schließlich zur Folge hatte, dass ein Gegenkönig zu Ludwig aufgestellt und gewählt wurde: Karl IV. „Ludwig starb aber schon ein Jahr später, sodass es zu keinem offenen Konflikt kam", erzählt Ruhe. Und jetzt kommt Günther XXI., Graf von Schwarzburg-Blankenburg (1304-1349) ins Spiel, der nun von den Anhängern des verstorbenen Ludwig wiederum als Gegenkönig zu Karl aufgestellt wurde. „Denn die Wittelsbacher wollten natürlich ihre Macht, die damit einherging, dass sie den Kaiser stellten, nicht so einfach hergeben", erklärt Ruhe. Vergeblich hatten sie versucht, einen König aus ihren eigenen Reihen zu stellen – und Günther XXI. war immerhin Diplomat in Diensten des Kaisers Ludwig IV. gewesen. Deshalb bat man schließlich ihn, als Gegenkönig gegen den Luxemburger Karl IV. anzu-

Alexander Ruhe kennt ein spannendes Detail auf einem Relief am Dom.

treten. Die Wittelsbacher Partei und ihre Anhänger wählten Graf Günther von Schwarzburg-Blankenburg am 30. Januar 1349 im Dominikanerkloster zu Frankfurt zum deutschen König.

Doch Karl IV. ließ das nicht einfach ohne Gegenwehr geschehen: „Er schlug Günthers Truppen bei Eltville am Rhein. Günther musste klein beigeben: Am 26. Mai 1349 unterzeichnete er den Vertrag von Eltville, in dem er zusagte, auf alle Ansprüche zu verzichten", erzählt Alexander Ruhe. Dafür sicherte man ihm eine Entschädigung und eine Amnestie für seine Anhänger zu. „Nun kehrte er mit seiner geschlagenen Armee nach Frankfurt zurück. „Die Frankfurter waren so dumm, das muss man so sagen, das Tor zu öffnen. Jetzt war der geschlagene König in der Stadt. Und der siegreiche Karl vor der Stadt. Und der war jetzt drauf und dran, Frankfurt einzunehmen."

> *„Die Frankfurter waren so dumm, das muss man so sagen, das Tor zu öffnen. Jetzt war der geschlagene König in der Stadt. Und der siegreiche Karl vor der Stadt."*

Doch Günther verstarb bald darauf an der Pest. Das ist zumindest die offizielle Version. Es gibt aber auch eine Variante, die besagt, er sei verwundet von der Schlacht heimgekehrt und in Frankfurt zu einem Medikus gegangen. Der Name des Mediziners war Freidank von Heringen. Als dieser ihm einen Trank reichte, habe Günther von Schwarzburg-Blankenburg ihn aufgefordert, zuerst zu trinken. Einige Zeit später seien beide tot gewesen, der Arzt habe Günther offenbar vergiften wollen.

Wahrscheinlich ist diese Version allerdings nicht, da Freidank von Heringen zu dem Zeitpunkt, als Günther den Trank eingenommen haben soll, bereits seit einigen Monaten nicht mehr unter den Lebenden weilte. Belegt ist nur, dass Karl IV., der auf dem Relief als Löwe dargestellt ist, den Grafen besiegte. Wenn er ihn auch nicht gerade gefressen hat.

Eva-Maria Bast

....

So geht's zum Löwen mit Ritter:

Das Relief befindet sich am Südportal des Doms, gegenüber vom Café Metropol.

Dachterrasse

Affen auf dem Dach und Liebe im Herzen

Entdeckt hat Sebastian Watta das Haus auf einem Abendspaziergang. Er war gerade frisch nach Eschersheim gezogen und wollte seine neue Heimat erkunden. Das Gebäude fiel ihm auf, weil es sich durch seine Schlichtheit und seine geraden Linien stark von der umliegenden, von idyllischen kleinen Einzelhäusern geprägten Bebauung unterscheidet. Der Kunsthistoriker und Archäologe konnte das Haus nicht vergessen, ging am nächsten Tag wieder vorbei und entdeckte einen Stolperstein. Der Name darauf – Hanns Ludwig Katz (1892-1940) – gab ihm einen ersten Anhaltspunkt. Watta begann zu recherchieren und erfuhr diese spannende Geschichte: „Das Wohn- und Atelierhaus im Stil der Neuen Sachlichkeit wurde 1928 von Hanns Ludwig Katz und seiner Frau Franziska Ehrenreich gebaut. Katz war ein von Max Beckmann beeinflusster expressionistischer Maler, seine Frau war Pianistin", beginnt er zu erzählen.

In dem Haus hat das Ehepaar also musiziert, gemalt, einen großen Freundeskreis empfangen und seine umfangreiche Bibliothek untergebracht. „Die Katz' waren der anarchistischen Szene zugeneigt und Hanns Ludwig Katz konnte mit der Münchner Räterepublik wohl durchaus so einiges anfangen", sagt Watta. „In seiner riesigen Bibliothek fand sich enorm viel anarchistische und sozialistische Literatur." Aus Geldnot habe er diese Bücher allerdings 1932 an die Universitätsbibliothek Zürich verkaufen müssen. In Eschersheim führte das Ehepaar ein ganz und gar unkonventionelles Leben, umgeben vom Geldbürgertum Frankfurts, das ringsum seine Villen errichtete. „Das Ehepaar stach natürlich schon sehr hervor." Wegen seiner ganzen Lebensweise, vor allem aber auch wegen seiner Affen. Wegen seiner Affen? „Ja", bekräftigt Sebastian Watta, „Franziska Ehrenreich und Hanns Ludwig Katz hielten sich Affen auf ihrer Dachterrasse. Manche sagen, es sei nur ein Affe gewesen, in anderen Quellen ist dann wieder

Sebastian Watta weiß, wer einst auf dieser Dachterrasse wohnte.

von mehreren die Rede." Damit die Affen nicht vom Dach herunter-
konnten, war die Dachterrasse von einem riesigen Gitter umgeben.

Und während auf dem Dach die Affen brüllten, veranstaltete das
Ehepaar sonntags in seinem Haus Salons. „Es gab Musik, es gab Kunst-
ausstellungen mit Bildern, es kamen Künstler, Literaten, Musiker",
beschreibt der Kunsthistoriker die Einladungen des unkonventionel-
len Paars. „Die Konzerte waren so hochkarätig, dass
der Rundfunk teilweise direkt aus dem Haus über-
tragen hat."

*Die Dachterrasse war
früher von einem Käfig
umgeben. Aus gutem
Grund!*

Das Glück dauerte bis 1934, dann starb Franziska an
einer Nierenerkrankung. Ihr Tod brach ihrem Mann
das Herz: Ein Jahr später schuf er ein riesiges Tripty-
chon, auf dem verwelkende Blumen in dünnen Glas-
vasen zu sehen sind: als Zeichen der Zerbrechlichkeit
und Vergänglichkeit. In der Mitte sitzt sie und hält
einen Affen wie ein Kind auf dem Schoß. Ihr Gatte
hat sich in dem Bild auch selbst dargestellt, wie er die
beiden mit unendlich trauriger Miene umschlungen
hält. Dieses Werk konnte er zwar schaffen, ansonsten
aber lähmte die Trauer den Witwer. „Er war anschließend lange nicht mehr in der Lage zu arbeiten",
erzählt Sebastian Watta. „Und der Druck auf ihn
wurde ohnehin immer größer, weil er nun als Jude
und Sozialist verfolgt wurde. Finanziell wurde seine
Lage auch immer angespannter." Für Hanns Ludwig
Katz war klar, dass kein Weg mehr daran vorbeiführt,
Deutschland den Rücken zu kehren. „1936 ist er
dann emigriert – irgendwie war er an eine Fahrkarte nach Johannes-
burg gekommen – und nach Südafrika ausgewandert. Zuvor hatte er
noch eine befreundete Künstlerin, die Bildhauerin Ruth Wolf, geheiratet, die das Land ebenfalls verlassen wollte."

Doch sein Leben sollte nie wieder gut werden, auch in Südafrika
nicht: „Seine Werke waren ja expressionistisch und von der Neuen
Sachlichkeit angehaucht. Das traf offenbar nicht den Geschmack des
südafrikanischen Publikums", erklärt Sebastian Watta. Um überleben
zu können, versuchte er sich in den in jener Zeit ausgesprochen ange-

sagten Landschaftsbildern, hatte aber auch damit keinen Erfolg. 1940 erkrankte Hanns Ludwig Katz schwer an Krebs und folgte seiner Franziska sechs Jahre nach deren Tod und vier Jahre, nachdem er nach Südafrika geflohen war.

„Für mich ist das ein ganz spannendes und von ganz viel Liebe geprägtes Leben", bekennt Sebastian Watta. „Die beiden müssen ungemein offene und ungemein empfindsame Menschen gewesen sein. Wenn man sich Fotos von ihnen anschaut, dann sieht man es an den Augen, die ja auch die Fenster zur Seele genannt werden. Und diese Fenster zur Seele, die waren bei Franziska und Hanns Ludwig Katz ganz und gar offen. Da drang alles ein. Ich hätte diese beiden Menschen gerne gekannt." Er ergänzt: „Ihre Leben haben mich sehr berührt."

„Die beiden müssen ungemein offene und ungemein empfindsame Menschen gewesen sein. Wenn man sich die Fotos von ihnen anschaut, dann sieht man es an den Augen, die ja auch die Fenster zur Seele genannt werden."

Durch Zufall entdeckte Sebastian Watta noch einen weiteren Berührungspunkt: Zu dem Freundeskreis, der sonntagabends immer bei den Katz' zusammenkam, gehörte auch ein junger Kunsthistoriker namens Richard Krautheimer (1897-1994).

„Der war eine Zeitlang Privatdozent in Marburg am kunsthistorischen Institut gewesen. Und im selben Gebäude habe ich zwei Semester lang als Archäologie-Dozent gearbeitet. Ich saß zwei Etagen über dem Zimmer, in dem Krautheimer damals arbeitete. Für meine Disziplin, christliche Archäologie, gibt es im 20. Jahrhundert zwei große Leute. Krautheimer ist einer davon. Manchmal gibt es schon verrückte Zufälle."

Eva-Maria Bast

So geht's zur Dachterrasse:

Sie befindet sich auf dem Haus mit der Adresse Am Kirchberg 27 in Eschersheim.

Rathausturm

Zwei Menschen, die die Stadt prägten

Diese Geschichte hat zwei Protagonisten. Einen Mann und eine Frau. Beide haben sich sehr um die Stadt Frankfurt verdient gemacht, beide waren sie ihre Oberhäupter. Beide ehrte man auf besondere Weise. Genauer gesagt: Man setzte ihnen gewissermaßen ein Denkmal. Allein – seines wurde beschädigt, ihres ist noch ganz neu. Und sie will sich nun dafür einsetzen, dass das seine wiederhergerichtet wird. Er, das ist Franz Adickes, und sie, das ist Petra Roth.

Das „Denkmal", das man ihr setzte, ist kein materielles, sondern eine Ehrung, eine der größten, die sich ein Frankfurter vorstellen kann: Am 9. Juni 2017 wurde Petra Roth Ehrenbürgerin der Stadt Frankfurt. In

„Kultur ist auch Identitätsbildung und Selbstvergewisserung. Dazu gehören auch Vergegenwärtigung des Vergangenen und schlicht das, was man so profan als Heimat bezeichnet."

ihrer Rede sagte sie, dass sie es immer als besondere Ehre empfunden habe, in Frankfurt am Main Oberbürgermeisterin zu sein. Sie erklärte, dass ihr die Worte fehlten, um „meinen Gefühlen in diesem Moment Ausdruck zu verleihen. Rührung, Stolz, Dankbarkeit, Glück, Demut, Zweifel, Verlegenheit: all das, was ich in den Gesichtern der Geehrten lesen konnte, etwas von alldem bewegt auch mich in diesem Augenblick". Sie sprach nicht zuletzt über die Aufgabe der Kultur: „Kultur ist auch Identitätsbildung und Selbstvergewisserung. Dazu gehören auch Vergegenwärtigung des Vergangenen und schlicht das, was man so profan als Heimat bezeichnet." Frankfurt, erklärte die einstige Oberbürgermeisterin und frischgebackene Ehrenbürgerin, seien in seiner Geschichte Wunden geschlagen worden. Manche, gerade aus der Zeit des letzten Krieges, seien noch immer nicht verheilt. Und da eine Ehrenbürgerschaft ja immer beides sei – „die Gelegenheit, sich etwas zu wünschen und gleichzeitig mit

Die Türme waren einst viel höher. Und sollen es bald wieder sein.

der neuen Würde auch dafür zu sorgen, dass diese Wünsche erfüllt werden", wolle sie sich „für die Wiedererrichtung eines alten Rathausturmes – Langer Franz – einsetzen".

Und hier kommt Franz Adickes (1846-1915) ins Spiel. Das „Denkmal", das man ihm gewissermaßen setzte, ist einer der beiden Rathaustürme, der „Lange Franz". Denn der Turm heißt, wie er heißt, in Anlehnung an den damaligen OB. Zusammen mit dem kleineren Turm, dem „Kleinen Cohn" wurde er in den Jahren 1900 bis 1904 errichtet. Das geschah im Zuge der großen Rathauserweiterung von 1900 bis 1908.

Petra Roth will sich für die Aufstockung des „Langen Franz" auf seine ursprüngliche Höhe einsetzen. Das freut auch Oberbürgermeister Peter Feldmann. Das BIld zeigt die beiden bei der Ernennung Petra Roths zur Ehrenbürgerin.

Unter der Federführung der Frankfurter Architekten Ludwig Neher und Franz von Hoven wurden die Türme am Südflügel des erweiterten Rathauses angebracht und schlossen westlich an den historischen Römer an. Es ging beim Bau der Türme vor allem darum, dass das Rathaus als Zentrum der Macht weithin zu sehen ist, denn als man ihn baute, war der Lange Franz 70 Meter hoch und damals, als es noch keine Bankenhochhäuser gab, der höchste Profanbau Frankfurts. Als er gebaut wurde, war Franz Adickes Oberbürgermeister, er lenkte die Geschicke der Stadt Frankfurt vom 14. Oktober 1890 bis zum 1. Oktober 1912. Franz Adickes gilt als einer der bedeutendsten Oberbürgermeister der Stadt am Main. Unter seiner Ägide wurde zum Beispiel das Armenwesen reformiert und er schuf zahlreiche Wohngebiete, um nur einige der ausgesprochen vielen Punkte zu nennen, um die er sich verdient machte.

Petra Roth sagt im Gespräch, wie wichtig ihr in den letzten Jahren ihrer Amtszeit besonders die Altstadtsanierung war. Oder besser:

der Wiederaufbau der historischen Altstadt am Dom mit detailgetreu gearbeiteten neuen Fachwerkhäusern.

Wie Petra Roth erhielt auch Adickes die Ehrenbürgerschaft. Das war im Jahr 1912, 105 Jahre vor Petra Roth. Und wenn der „Lange Franz", der im Zweiten Weltkrieg zerstört und nur provisorisch wiederaufgebaut wurde – lange nicht in seiner einstigen Höhe! – nun durch ein gemeinsames Agieren von Petra Roth, dem sehr engagierten Brückenbauverein, dem Magistrat der Stadt und der Stadtverordnetenversammlung wieder seine ursprüngliche Höhe erreicht, dann kann man von ihrem Herzensprojekt aus – der neu aufgebauten Altstadt – den nach ihm benannten Turm sehen.

Eva-Maria Bast

So geht's zum Rathausturm:

Der „Lange Franz" steht an der Ecke Buchgasse / Bethmannstraße.

Maurisches Haus

‚Tausend und eine Nacht' am Anlagenring

Man denkt, man sitzt einer Fata Morgana auf!", sagt Elisabeth Lücke und zeigt auf ein Haus auf der anderen Straßenseite des Anlagenrings. Und tatsächlich: Die moderne Architektur der Häuserreihen wird unterbrochen von einer Villa, deren exotischer Stil so gar nicht in dieses bauliche Umfeld passt. Sternförmig umfasste Fenster, kleine minarettartige Türmchen auf dem Dach, reicher Fassadenschmuck, Ornamente in grün – der Farbe des Propheten, ein Haus wie aus Tausend und einer Nacht. Mitten in Frankfurt. „Um die Villa mit der ungewöhnlichen orientalischen Architektur ranken sich viele Legenden", erklärt Elisabeth Lücke. Kein Wunder, kommt man doch nicht umhin, nach Erklärungen zu suchen, wem oder was das Haus sein orientalisches Aussehen zu verdanken hat.

Es sei ein Frankfurter Kaufmann gewesen, der im 19. Jahrhundert von einer Ägyptenreise mit einer orientalischen Geliebten nach Frankfurt zurückkehrte, erzählt Elisabeth Lücke. Damit sie sich hier auch wohlfühlen möge, ließ er für sie dieses Haus errichten und schenkte es ihr als Morgengabe. Dabei verschuldete er sich so

Fällt auf: die Vorstadtvilla aus Tausend und einer Nacht mitten am Anlagenring.

Elisabeth Lücke weiß, warum dieses Haus aus der Reihe fällt.

stark, dass er keinen anderen Ausweg sah, als mit einem Schuss sein Leben zu beenden. Woraufhin die Dame an den Nil zurückkehrte – so die Legende.

Doch die Frankfurter Gästeführerin weiß mehr: „Der Bauherr musste tatsächlich eine stattliche Hypothek über 18.000 Gulden aufnehmen. Allerdings nicht für sich selbst, sondern für einen Auftraggeber." Es war nämlich damals nicht unüblich, dass Bauherren Bauten vorfinanzierten und selbst trocken wohnten, ehe sie diese Häuser dann weiterveräußerten. Und so war es auch in diesem Fall: Der Bauherr war Maurermeister und hieß Johann Friedrich Weinsperger. Er baute das maurische Haus in den Jahren 1856 bis 1857. Wahrscheinlich ließ er sich von dem Architekten Friedrich Maximilian Hessemer (1800-1860) und dessen Vorlagenwerk „Arabische und altitalienische Bauverzierungen" inspirieren. Seine Vorliebe für den orientalischen Baustil realisierte er in Frankfurt jedoch nur an dieser einen Vorstadtvilla.

„Man denkt, man sitzt einer Fata Morgana auf!"

Später verkaufte Weinsperger das Haus dann wohl an einen Kaufmann namens Brückner, der häufig in London unterwegs war. In der britischen Hauptstadt war Mitte des 19. Jahrhunderts der arabisch-orientalische Baustil sehr angesagt, und Brückner hatte seine Vorliebe dafür vermutlich von dort mitgebracht. Ein Baustil, der nicht nur damals Aufmerksamkeit erregte.

Elisabeth Lücke fasst die Geschichte des Gebäudes so zusammen: „Das Haus fällt nach wie vor auf, denn es mutet an wie ein Palast aus einem orientalischen Märchen. Doch es ist ein ganz normales Wohnhaus: das Maurische Haus – mit der schönen Legende."

Julia Rieß

So geht's zum maurischen Haus:

Es steht in der Blumenstraße 2 / Ecke Eschenheimer Anlage im Stadtteil Nordend.

Björn Wissenbach hat untersucht, was sich unter dem Grabstein, auf dem er sitzt, befindet.

13

Fleck-Mausoleum

Kleine Patienten spielen auf der Gruft

„Als ich hinkam, kletterte ich in das Tonnengewölbe. Von der Decke hing so etwas wie eine Holzpritsche, darauf lag ein zusammengekrachter Sarg mit Knochen. Ich bekam den Auftrag, herauszufinden, wem diese Überreste gehörten und warum sie hier in diesem Mausoleum lange Zeit vergessen lagen." Der Frankfurter Historiker Björn Wissenbach war vom städtischen Denkmalamt zu Hilfe gerufen worden. Es war im Jahr 2009: Im Garten des Clementine-Kinderhospitals im Frankfurter Ostend hatten die Bauarbeiten für einen klinikeigenen Spielplatz begonnen. Doch dann stießen die Arbeiter auf einen mysteriösen Erdhügel. Das Denkmalamt wurde hinzugezogen und machte Probebohrungen. Bagger kamen zum Einsatz. Und aus einem rätselhaften Erdhügel wurde ein

Projekt. Eines, das die Eröffnung des neuen Spielplatzes einige Monate hinauszögerte. Und das dessen Gestaltung maßgeblich beeinflusste. Denn nach und nach legten die Denkmalschützer ein Mausoleum frei.

„Es war in einem erstaunlich guten Zustand, das Gewölbe intakt", berichtet Björn Wissenbach, „die gemauerten unterirdischen Wände und das mit Sandsteinplatten belegte Dach hatten sich fast 200 Jahre lang gut gehalten." Doch wem gehörten die Knochen? Eine Grabplatte, die auf dem Grundstück gefunden wurde, verriet einen Namen: Philipp Heinrich Fleck – ein erster Anhaltspunkt für Björn Wissenbach. Damit begann er seine Recherchen und wurde bald fündig.

Philipp Heinrich Fleck (1740-1816) war als Sohn eines armen Glasers im Frankfurter Stadtteil Sachsenhausen aufgewachsen. In Aachen verdiente er als Tuchhändler und -fabrikant ein Vermögen,

Dass die Kletter-Plattform ein Mausoleum beherbergt, erkennt man nur an dem Grabdenkmal mit der Inschrift.

kam aber 1802 nach Frankfurt zurück. Fortan verlieh er hier Geld und verlangte hohe Zinsen. Doch mit dem Abführen von Abgaben nahm er es nicht so genau. Er wurde wegen Steuerhinterziehung verurteilt und musste eine hohe Strafe zahlen – in seinem Fall an das notleidende Waisenhaus. „Dadurch ist Fleck wohl so ein bisschen auf den Geschmack gekommen. Er war unverheiratet, hatte keine Kinder – und so begünstigte er in seinen letzten Jahren immer wieder das Waisenhaus", erzählt der Historiker. Im Jahr 1813 gründete er die Fleck'sche Stiftung. Bei seinem Tod drei Jahre später hinterließ Fleck 300.000 Gulden zur Unterstützung von Bedürftigen. Die Stiftung verteilte bis zu ihrem Aus im Jahr 1990 rund 1,6 Millionen Mark. „So wurde aus einem Wirtschaftskriminellen ein großzügiger Spender und Stifter – eine bemerkenswerte Entwicklung", sagt Wissenbach.

„Er kaufte ein Grundstück und ließ darauf ein Grabgewölbe errichten. Und bestimmte, dass das Grundstück ein Spielplatz für die Waisenhauskinder werden sollte. Sie sollten jeden Sonntag auf seinem

Grab spielen", so Wissenbach. Fleck starb 1816. Seine erste Grabstätte muss zwischen dem heutigen Hospitalgelände und der Hanauer Landstraße gelegen haben. Doch diesen Ort brauchte die Stadt später, das Grab musste weg. Als die Dr. Christ'sche Stiftung das Grundstück für den Bau des Krankenhauses erwarb, musste sie die Verpflichtung eingehen, den vorher an einem anderen Ort bestatteten Fleck auf ihr Grundstück umzubetten, und baute nun am neuen Platz das Mausoleum, das Wissenbach untersucht hat.

„Doch dauf der Plattform über seinem Mausoleum und seinem Grabstein heute viele kleine Patienten herumturnen können – darüber wäre der Wohltäter sehr glücklich, denn das war sein letzter Wunsch."

Rund 200 Jahre später stellte der Fund des Grabes das Denkmalamt vor eine Herausforderung. Aus statischen Gründen musste eine Spielplattform über dem Gewölbe angebracht werden. Durch eine Stahlkonstruktion wurde das denkmalgeschützte Bauwerk nicht berührt. Nach Fertigstellung der Anlage war vom Mausoleum nichts mehr zu sehen. Nur ein Grabdenkmal mit der Inschrift *Dem Andenken des Wohltäters Philipp Heinrich Fleck, 17. XI 1740 – 1.V 1816* weist auf die darunter verborgene Grabstätte hin. Zwei Treppen an jeder Seite des Mausoleums führen auf die Plattform, außerdem können sich die Kinder an einem dicken Tau den Hügel hinaufziehen.

Björn Wissenbach sagt dazu: „Dass Philipp Heinrich Flecks Mausoleum im Garten des Kinderhospitals liegt, ist also mehr oder weniger dem Zufall zu verdanken. Doch dass auf der Plattform über seinem Mausoleum und auf seinem Grabstein heute viele kleine Patienten herumturnen können – darüber wäre der Wohltäter sehr glücklich, denn das war sein letzter Wunsch."

Julia Rieß

···

So geht's zum Fleck-Mausoleum:

Es befindet sich auf dem Spielplatz des Clementine-Kinderhospitals in der Theobald-Christ-Straße 16.

53

Knoblauch

Eine Kaufmannsfamilie von großer Bedeutung

Knoblauch in einer Kirche? Im Frankfurter Dom geht das! Und zwar, um an eine reiche Frankfurter Patrizierfamilie, eine der ältesten in der Mainstadt, zu erinnern. Und die hieß – genau: Knoblauch! Neben etlichen anderen ist auch ihr Wappen – drei überdimensionale, gekreuzte Knoblauchzehen – im Dom an der Westwand angebracht.

Die Knoblauchs werden 1223 erstmals in Frankfurt erwähnt und sie spielen in den folgenden Jahrzehnten und Jahrhunderten eine große Rolle in der Stadt am Main: „Es gab in Frankfurt im 14. Jahrhundert fünf Familien, die eng miteinander verwandt waren und zusammen die Hälfte des Rats der Stadt stellten. Die Familie Knoblauch war eine davon", erzählt Adriane Dolce. „Letztendlich dominierten im Rat die Patrizierfamilien. Es gab zwar auch Handwerker aus den Zünften, die hatten aber nicht so ein großes Mitspracherecht." Erich Helmensdorfer schreibt in seiner Frankfurt-Monografie über die Zusammensetzung des Rats in der ersten Hälfte des 14. Jahrhunderts: „Auf der ersten Bank sitzen die ältesten Ratsherren, die Schöffen und die Vertreter der vornehmsten Geschlechter. Die zweite Bank nehmen jüngere Ratsherren, ebenfalls Patrizier, ein. Auf der dritten Bank sitzen die Handwerker der ‚ratsfähigen' Zünfte." Letztere waren von der Wahl der Bürgermeister ausgeschlossen, konnten jedoch später eine Erweiterung ihrer Rechte erreichen. Die Voraussetzung für eine Aufnahme in die Patriziergesellschaft sei jedoch ein langes Frankfurter Stammbuch gewesen, sagt Adriane Dolce und erläutert: „Also lange Bürgerschaft in Frankfurt, eine bestimmte Stellung, Reichtum und eine bestimmte Geschichte." Die Knoblauchs hatten so eine lange Tradition. Und nicht nur das: Bis das Geschlecht 1693 ausstarb, stellte es auch mehrere Bürgermeister, darunter Jakob Knoblauch, genannt der Reiche (gest. 1357).

Adriane Dolce hat den Knoblauch im Dom entdeckt. Er befindet sich an der Wappenwand hinter ihr links oben.

Die Wappen an der Wand gehören großen Frankfurter Familien. Hier: das Wappen der Patrizierfamilie Knoblauch.

Im Jahr 1323 kaufte Jakob Knoblauch der Witwe Mechthild von Breuberg ihre Hofstätte ab, „die da stolzent uf den Dypewek", sprich, die auf den Diebsweg führt. Hier baute er einen Gutshof, den Knoblauchshof, den er zum Schutz mit einer Mauer und einem Graben umgab. Zehn Jahre später erwarb er den um 1200 gebauten Saalhof, zu dem auch mehrere Güter gehörten. Der Patrizier ließ die einstige staufische und direkt am Main gelegene Reichsburg zu einem Handelskontor umbauen. Wenn Messe war, vermietete er es an auswärtige Kaufleute, die hier sowohl wohnten als auch ihre Waren lagerten. „Das Gebäude steht immer noch und ist das älteste in der Innenstadt", sagt Adriane Dolce.

Auch mit den Königen des Reichs stand Knoblauch in enger Beziehung: Kaiser Ludwig dem Bayern (1281/82-1347) galt er als wichtiger Vertrauter. Frankfurt stellte sich in einem Streit mit dem Papst hinter Ludwig, der der Stadt dafür bedeutende Privilegien zugestand, die für den Erfolg als Messestadt entscheidend waren. Dazu gehörte das Geleitsrecht, das Kaufleuten, die zur Messe reisten, Zollfreiheit garantierte. Und die Messebesucher standen acht Tage vor und acht Tage nach der Messe unter dem Schutz des Reiches. Mit Ludwigs Nachfolger Karl IV. (1316-1378), der zuerst Gegenkönig zu Ludwig gewesen war und nach dessen Tod nochmals zum König gewählt wurde, verstand er sich ebenfalls gut: Knoblauch mischte sich in den Streit ein, der um den Königsthron ausbrach (siehe Geheimnis

09) und baute – bildlich gesprochen – eine Brücke zwischen seiner wittelsbachertreuen Stadt und dem neuen Kaiser.

„Im Grunde muss man sagen, dass die Knoblauchs und auch andere Frankfurter Patrizierfamilien sich all ihre Macht durch ihr kaufmännisches Geschick erwarben. Dadurch haben sie sich ihren Stand aufgebaut, denn durch das Geld, das sie verdienten, kamen sie zu entsprechender Macht und kauften sich im 14. Jahrhundert dann letztendlich das Privileg, Freie Reichsstadt zu sein, einen eigenen Stadtrat zu stellen und sich unabhängig von Adel und Fürsten selbst zu regieren", sagt die Frankfurterin und ergänzt: „Zusammengefasst heißt das, dass Frankfurt seit über 600 Jahren von Kaufleuten regiert wird. Daher wurde die Stadt auch Wirtschafts- und Finanzmetropole. Hier herrscht einfach dieser Geist."

„Im Grunde muss man sagen, dass die Knoblauch und auch andere Frankfurter Patrizierfamilien sich all ihre Macht durch ihr kaufmännisches Geschick erwarben."

Eva-Maria Bast

....

So geht's zum Knoblauch:

Das Wappen der Familie Knoblauch hängt im Dom an der Westwand links in der oberen Reihe.

Fenster der Nikolaikirche

Für die Liebe und den Glauben

Eigentlich wurden die Fenster für eine Privatkapelle geschaffen, die ein jüdischer Industrieller seiner britischen Gattin bauen ließ. Heute sind sie aber in der Nikolaikirche am Römer zu bewundern. Wie kamen sie dort hin? Das ist ihre – tragische – Geschichte:

Der Frankfurter Carl von Weinberg (1861-1943) und die Engländerin Ethel Mary Villers Forbes (1866-1937), genannt May, lernen sich 1894 bei einem Badeaufenthalt in Bad Homburg kennen. Amor kurt mit vielen Pfeilen im Köcher ebenfalls dort und sorgt dafür, dass die beiden sich unsterblich verlieben, noch im selben Jahr findet in London die Hochzeit statt. Das Paar errichtet in Frankfurt-Goldstein eine riesige Villa im englischen Landhausstil, die 100 Zimmer umfasst, schließlich soll sie auch die vielen Freunde und Geschäftspartner und die umfangreiche, 700 Werke umfassende Kunstsammlung beherbergen können.

„Im Zuge des Baus ließ Carl von Weinberg seiner Frau auch eine Hauskapelle errichten", erzählt Verena Röse, die ausführlich zur Geschichte der von Weinbergs recherchiert hat. „Den Auftrag für die Fenster gab man der Künstlerin Lina von Schauroth. Sie war die Tochter des in Frankfurt sehr berühmten Baumoguls Philipp Holzmann." Beschäftigt man sich mit den Biografien der drei beteiligten Personen

„ Im Zuge des Baus ließ Carl von Weinberg seiner Frau auch eine Hauskapelle errichten."

– Carl von Weinberg, seine Gattin May und Lina von Schauroth – dann kommt der Gedanke auf: Was für interessante Personen! Menschen, die man gerne gekannt hätte! Lassen wir dem Herrn den Vortritt und widmen wir uns anschließend den beiden Damen.

Carl war nicht nur wirtschaftlich ausgesprochen erfolgreich – er wurde im Alter von 21 Jahren Teilhaber der Leopold Cassella & Co.,

Verena Röse vor einem der Fenster in der Nicolaikirche, hinter denen eine ganz besondere Geschichte steckt.

die 1894 mit der Frankfurter Anilinfarbenfabrik fusionierte und als Cassella Farbwerke Mainkur mit der Herstellung synthetischer Farbstoffe weltberühmt wurde –, sondern er war auch in vielerlei anderer Hinsicht ausgesprochen wichtig für die Stadt Frankfurt und für Deutschland. Der 1908 in den Adelsstand erhobene Carl gehörte 1919 zu jenen, die als Mitglieder der deutschen Delegation bei den Versailler Friedensverhandlungen anwesend waren, allerdings kein Mitspracherecht hatten. 1924 nahm er in London an den Verhandlungen über die deutschen Reparationen teil, die ursächlich für den Dawes-Plan waren. Für Frankfurt war er auch wegen seiner großzügigen Förderungen, zum Beispiel der Universität, eine wichtige Persönlichkeit. 1927 noch hatte er die Ehrendoktorwürde der Universität Frankfurt bekommen und 1928 die silberne Plakette der Stadt. Doch schon einige Jahre später war das alles nichts mehr wert: „Mit Beginn der Machtergreifung hat man ihn als Jude verfolgt", sagt Verena Röse. „Man zwang ihn, seine Ämter niederzulegen, und die nach ihm benannte Schule und Straße erhielten einen anderen Namen." Nach der Reichspogromnacht vom 9. auf den 10. November 1938 musste er die Villa Waldfried und seine wertvolle Kunstsammlung weit unter Wert an die Stadt Frankfurt verkaufen, die Stadt, der gegenüber er immer so großzügig gewesen war. Carl von Weinberg ging zu seiner Schwester nach Italien ins Exil. Dort starb er am 14. März 1943, sechs Tage vor seinem Bruder Arthur, der im KZ Theresienstadt umgebracht wurde.

„Mit Beginn der Machtergreifung hat man ihn als Jude verfolgt. Man zwang ihn, seine Ämter niederzulegen, und die nach ihm benannte Schule und Straße erhielten einen anderen Namen."

Seine Frau May lebte damals schon nicht mehr. May Weinberg galt als sozial äußerst engagiert, und immer waren es die Kinder, denen ihr besonderes Augenmerk galt: Als 1897 ihre Tochter Wera geboren wurde, stiftete sie ein Waisenhaus in der Waldfriedstraße und finanzierte ein weiteres in Schwanheim. Sie war beseelt von dem Wunsch, Kindern, die, anders als ihre Wera, keine Eltern mehr hatten, ein Zuhause zu geben. May kümmerte sich persönlich um diese kleinen Menschen. Auch eine Kinderkrippe ließ sie bauen, in der 30

Kinder betreut wurden, während ihre Eltern zur Arbeit gingen. Sie förderte Schulen, Ferienhäuser und Ausbildungsplätze. Im Ersten Weltkrieg kümmerte sie sich um die Verwundeten: Die Villen Waldfried und Buchenrode, wo ihr Schwager Arthur von Weinberg (1860-1943) und seine Gattin Willemine von Weinberg (1872-1935) mit den beiden Töchtern lebten, waren zu Lazaretten umfunktioniert worden. Im Speisesaal und in den Gängen betrieben sie ein Privatlazarett mit 38 Betten. Die Familie sah das als selbstverständlich an, May und ihre Tochter Wera waren unermüdlich in der Krankenpflege tätig. Das war nicht die einzige Hilfe, die May Notleidenden im Ersten Weltkrieg angedeihen ließ: 1916 richtete sie eine Kriegsspeisung ein, 360 Kinder bekamen hier regelmäßig Nahrung. Und nach dem Krieg ließ ihre Fürsorge nicht nach: Das Lazarett bestand bis 1921, 1926 eröffnete sie die „M. von Weinbergsche Großgeflügelfarm". Hier sollten jugendliche Arbeitslose eine Ausbildung in der Landwirtschaft bekommen.

Die Fenster in der Nicolaikirche haben eine bewegte Geschichte hinter sich.

Doch dann wurde May krank, das war in den 1930er-Jahren. Sie unternahm mit ihrem Gatten noch eine Weltreise in der Hoffnung, einen Platz zu finden, an dem ihr das Klima besser bekäme. Doch auch das half nichts, sie starb im Januar 1937. Vielleicht war diese offene und warmherzige Frau in gewissem Sinne auch ein Opfer der Nationalsozialisten?

Vielleicht brach es ihr das Herz, zusehen zu müssen, wie ihre Familie ab 1933 behandelt wurde? Wenigstens musste sie die Novemberpogrome, von den Nationalsozialisten „Reichskristallnacht" genannt, nicht mehr miterleben. Und wenigstens rettete ihre Freundin Lina von Schauroth die Fenster, die sie für May geschaffen hatte.

Die Künstlerin Lina von Schauroth war von Haus aus preußischer und eher deutschnationaler Gesinnung – wie auch May engagierte sie sich im Ersten Weltkrieg – wenn auch auf völlig andere Weise: Sie fuhr mit der Kutsche bis an die Westfront, um den Soldaten Hilfsgüter und Nahrung zu bringen, sie leistete einen Arbeitseinsatz in der Bockenheimer Munitionsfabrik, sie fuhr 1915 ins

„Und da soll sie in Anwesenheit von Bundespräsident Theodor Heuss laut und vernehmlich gesagt haben: Ein Hoch auf den Deutschen Kaiser. Soweit ich weiß, hat auch Theodor Heuss das mit einem Schmunzeln quittiert."

umkämpfte Ostpreußen, um ihren toten Neffen zu holen und ihm eine Bestattung in der Heimat angedeihen zu lassen. All das tat sie auch für den Kaiser. Dessen Abdankung und das damit einhergehende Ende des Kaiserreichs akzeptierte sie keine Sekunde. In Frankfurt gründete sie die Deutschnationale Volkspartei (DNVP) mit und war auch Vorstandsmitglied. Sie befürwortete den Kapp-Putsch, und da sie dies nicht verdeckt, sondern ganz offen tat, stand sie dafür sogar vor Gericht. Wenn Lina von Schauroth eine Überzeugung hatte, dann vertrat sie diese mit allergrößter Hartnäckigkeit. So zeigte sie sich auch vor Gericht nicht im Mindesten reumütig.

So war Lina von Schauroth: Als der konservative und monarchistische „Bund Königin Luise", dessen Landesführerin sie war, 1934 gleichgeschaltet wurde, legte sie ihre Ämter nieder und kehrte dem Verband in aller Entschiedenheit den Rücken. Ihren jüdischen Freunden, unter denen viele Künstler waren, hielt sie immer die Treue. So veranlasste sie zum Beispiel auch den Ausbau der Glasfenster aus der Hauskapelle ihrer Freunde und deren sichere Unterbringung im Dom zu Limburg. In den 1950er-Jahren sorgte sie dafür, dass die ursprünglich 1922 für die Privatkapelle der von Weinbergs geschaffenen Fenster in die Alte Nikolaikirche eingebaut und dafür passend gemacht wurden. An einem der Fenster ließ sie im Gedenken an Carl und May von Weinberg die Inschrift anbringen: *Die Glasfenster stammen aus der Kapelle in Waldfried. Carl v. Weinberg hat sie zum Andenken an seine Gattin May geb. Forbes gestiftet.* Für die Apsis der Alten Nikolaikirche schuf sie außerdem in den 50er-Jahren mehrere neue Fenster.

Die Treue hielt sie dem Kaiser bis an ihr Lebensende: „Bei der Neueinweihung des wiederaufgebauten Kaisersaals im Römer war Lina Schauroth als Stifterin der Fenster eingeladen. Und da soll sie in Anwesenheit von Bundespräsident Theodor Heuss laut und vernehmlich gesagt haben: Ein Hoch auf den Deutschen Kaiser", erzählt Verena Röse, muss schmunzeln und sagt: „Soweit ich weiß, hat auch Theodor Heuss das mit einem Schmunzeln quittiert."

An Carl von Weinberg und seine Frau erinnern in Frankfurt nicht nur die Fenster: Nach dem Krieg wurden die Namensänderungen wieder rückgängig gemacht, weshalb es in Frankfurt sowohl eine Carl-von-Weinberg-Schule als auch eine Carl-von-Weinberg-Straße und einen Carl-von-Weinberg-Park im Frankfurter Süden gibt. Glücklicherweise.

Eva-Maria Bast

....
So geht's zu den Fenstern der Nikolaikirche:

Sie befinden sich in der Alten Nikolaikirche. Diese steht am Römer.

Frankfurter Original
Karlchen Waßmann mit der grünen Fahne

E r sieht ziemlich wichtig aus: Über der Schulter trägt er eine Fahne und in der Hand hält er ein Stück Papier. Alexander Ruhe weiß, wer der steinerne Mann auf dem Relief ist. Er weiß auch, dass die Fahne, die er in der Hand hält, im echten Leben grün war und dass es sich bei dem Stück Papier um eine Zeitung handelt, die *Die Liebe* heißt. „Das ist Karlchen Waßmann", stellt er den Steinernen vor. „Ein Frankfurter Original. Er war gleichermaßen Zeitungsherausgeber, Hungerkünstler, Schauspieler, Dichter, Wunderheiler und Löwenbändiger", zählt der Historiker die erstaunlichen Fähigkeiten des Dargestellten auf.

Die spannende Geschichte des Karl Waßmann (1885-1941) beginnt eigentlich im Jahr 1907. Damals wurde dem Rechtsanwalt Karl Hau (1881-1926) aufgrund von Indizien der Mord an seiner Schwiegermutter Josefine Molitor angelastet. Er wurde zum Tode verurteilt. „Eine breite Masse stellte sich hinter den Angeklagten und forderte eine Untersuchung seiner Schwägerin Olga", berichtet Alexander Ruhe, „die galt ebenfalls als verdächtig." Auch Waßmann machte sich dafür stark: „Er beschuldigte den Staatsanwalt, eine Affäre mit Olga Molitor gehabt zu haben, woraufhin der Staatsanwalt Waßmann wegen dieser Unterstellung verklagte", schildert der Frankfurter die Folgen. Nach Verbüßung einer Gefängnisstrafe in Karlsruhe kam er zwei Jahre später gemeinsam mit seinem Bruder Hermann nach Frankfurt – und stand am 1. Februar 1910 schon wieder vor Gericht, diesmal wegen Betrugs: Die Brüder Waßmann hatten wochenlang bei einem Wirt gespeist und anschreiben lassen. Karl hatte ihm erzählt, dass das Schuhmanntheater ihn als Hungerkünstler engagiert habe, dass man ihn in Kürze für 45 Tage einmauern wolle und dass er dafür 4.500 Mark bekomme. Als es dann mit dem „Job" nichts wurde, wanderte Karlchen ins Gefängnis, allerdings nur für gut zwei Wochen. „Anschließend zog er durch Frankfurts Kneipen, um seine Gedichte

Alexander Ruhe weiß, wer die drei Figuren auf dem Relief sind.

zu verkaufen, die keiner hören wollte. Künftig ging er in Sandalen und Kutte, wenn er durch die Kneipen zog, damit war er viel erfolgreicher", erzählt der Stadtführer weiter. „Und dann hat er sogar eine Zeitung gegründet, den *Freigeist*, bei der er in Personalunion Redakteur, Drucker und Zeitungsverkäufer war." Als Redakteur und Herausgeber bekam er 1913 arge Schwierigkeiten, weil er schrieb, am städtischen Krankenhaus sei das Anti-Syphilis-Medikament Salvarsan an Prostituierten als „Versuchskaninchen" erprobt worden. Dazu habe man die Damen des horizontalen Gewerbes gezwungen. Klinikleiter Dr. Herxheimer verklagte Waßmann wegen Beleidigung. Nun hatte Karl einen Verleumdungsprozess am Hals, der als „Frankfurter Salvarsan-Prozess" in die Geschichte einging und für Waßmann wieder einmal mit einer (diesmal einjährigen) Gefängnisstrafe endete, „auch wenn er einen prominenten Anwalt hatte – Paul Levi, der kurz zuvor Rosa Luxemburg verteidigt hatte", sagt Ruhe. Das Jahr musste das Frankfurter Original aber nicht absitzen: Im Zuge der mit dem Ausbruch des Ersten Weltkriegs einhergehenden Amnestie wurde auch er begnadigt. In den Krieg musste er nur für kurze Zeit ziehen, vermutlich diente er beim 3. Großherzoglich-Hessischen Infanterie-Leibregiment Nr. 117 „Großherzogin" in Mainz.

Waßmann engagierte sich auch politisch, er war für die „innere Demokratisierung Preußen-Deutschlands", für das Frauenwahlrecht und für die Trennung von Staat und Kirche. „Und als 1919 die Nationalversammlung gewählt wurde, gründete Karl Waßmann mit Freunden die Sozialaristokratische Partei", erzählt Alexander Ruhe. Wahlkampf habe er mit einem fahrbaren Rednerpult gemacht, mit dem er durch die Stadt zog. „Erfolg hatte er allerdings keinen."

„Ein Frankfurter Original. Er war gleichermaßen Zeitungsherausgeber, Hungerkünstler, Schauspieler, Dichter, Wunderheiler und Löwenbändiger."

Karl Waßmann verschrieb sich fortan der Liebe und dem Heilertum, benannte seinen *Freigeist* in *Die Liebe* um und war sich nach wie vor nicht zu schade, das Blatt in den Frankfurter Wirtschaften zum Verkauf anzubieten. „Er dachte von sich, mit Toten in Kontakt zu stehen, auch mit Luther", sagt der Gästeführer. „Und er praktizierte als Heilpraktiker."

In den Kneipen war er in den 1920er-Jahren so unterwegs, wie er auch auf dem Relief zu sehen ist: mit kurzen Hosen und der grünen Fahne der Hoffnung über der Schulter. „Er teilte allen freimütig mit, was er dachte. Und was er dachte, wurde immer mehr völkisch-braun", kommentiert Alexander Ruhe. Passend für diese Zeit, denn nun kamen die Nazis: Sabine Hock schreibt im „Frankfurter Personenlexikon" über ihn: „Stets hatte W. es verstanden, sich zu vermarkten, hatte sein Image den wechselnden Zeitumständen angepasst und Eigenwerbung bis über die Grenze der Hochstapelei betrieben. Auch nach der Machtübernahme der Nationalsozialisten 1933 versuchte er offenbar, sich im Geschäftsinteresse mit den gewandelten Verhältnissen zu arrangieren. Da er immer bestrebt war, die Grenzen zwischen seinem wahren und seinem inszenierten Selbst zu verwischen, lassen sich Realität und Rollenverhalten bei ihm nie

Ein Mann mit erstaunlichen Fähigkeiten und zweifelhaften politischen Ansichten: Karlchen Waßmann.

ganz und schon gar nicht in der NS-Zeit unterscheiden." Er versuchte sich anzubiedern mit „Lobhudelei-Gedichten", wie Ruhe es nennt, passte den Nazis aber nicht in den Kram und wurde immer wieder bei der Gestapo denunziert. Ein Parteimitglied warf ihm vor, „in öffentlichen Lokalen Propaganda für das Judentum zu machen". Man beobachtete ihn – und auch wenn er sich nun noch mehr bemühte, „Lobhudeleien" zu verfassen, es half ihm nichts, man verhaftete ihn erneut. Nachdem er in „polizeilicher Vorbeugungshaft" gesessen hatte, versuchte er ausgerechnet in der Reichspogromnacht sich das Leben zu nehmen. In seinem (vermeintlichen) Abschiedsbrief an seinen Pfarrer schrieb er: „Meine Seele braucht eine neue Wohnung, in der sie weiterwirken kann, um ihre Sendung, der Menschheit auch weiterhin die Liebe zu künden, besser erfüllen kann". Und dann verlor er offenbar den Verstand. Sabine Hock berichtet, dass er 1938 in seiner Wohnung randaliert, „Heil Hitler" aus dem Fenster gebrüllt und „auf offener Straße Vorträge über das ‚Dritte Reich'" gehalten habe. Seine eigene

Frau habe ihn am Folgetag bei der Polizei angezeigt. Sie wollte ihm eine Untersuchung angedeihen lassen, fürchtete, er leide an Verfolgungswahn. Das war der Anfang vom Ende. Karl Waßmann war in den Klauen der Nazis. „Sie haben ihn in die Euthanasieanstalt Hartheim verschleppt", bedauert Alexander Ruhe das traurige Ende des Frankfurter Originals von zweifelhafter politischer Gesinnung. „Von dort wurde er nach Hadamar gebracht und am 14. März 1941 ermordet."

„Der kleinere der beiden ist Streichholz-Karl. Er ist auch durch die Wirtschaften gegangen und hat Streichhölzer verkauft."

Durch das Relief, das ihn in seiner Wandervogelkluft zeigt, lebt die Erinnerung an ihn fort. Und auch die an zwei anderen Frankfurter Originale, die ebenfalls auf dem Relief zu sehen sind. „Der kleinere der beiden ist Streichholz-Karl. Er ist auch durch die Wirtschaften gegangen und hat Streichhölzer verkauft", sagt Ruhe und fährt fort: „Das andere ist ein typischer Brezel-Bub. Die ziehen heute noch durch die Apfelweinwirtschaften und bieten Brezeln und Hartekuchen an." In den Eppelwoi-Lokalen seien auch viele weitere Originale zu entdecken – wovon sich jeder selbst überzeugen kann, der diese gemütlichen Frankfurter Lokale besucht (siehe Geheimnis 07). Ob sie es allerdings mit Karlchen Waßmann aufnehmen können, sei dahingestellt.

Eva-Maria Bast

....

So geht's zum Frankfurter Original:

Die Herren in Stein befinden sich über der Eingangstür des Gebäudes Weckmarkt 11.

Stolz wie Könige: Ceres und Prometheus.

17

Skulpturen
Eine Sache des Genusses

S elbstbewusst stehen sie auf einem großen steinernen Schild, das sich über einen guten Teil der Hausfassade zieht. So stolz sehen sie aus, als stünde auf dem Schild geschrieben, dass Frankfurt ein Königreich ist und sie seine Könige. So verkehrt ist der Gedanke gar nicht, denn in gewissem Sinne sind sie genau das. Zwar nicht Könige der Stadt am Main, aber Könige der Gaumenfreuden. Und das passt ja auch viel besser zu den griechischen und römischen Göttern, dic sie darstellen sollen. Indes: Die Inschrift ist zwar nicht mehr entzifferbar, aber Mikael Horstmann weiß, was einmal dort stand. Und er weiß auch, warum und worauf die beiden so stolz sind. „Hier war das Kochkunstmuseum beheimatet, das stand auch auf der Tafel", erklärt er. „Und bei den beiden Figuren handelt es sich um Ceres, bei den Griechen besser bekannt als Demeter, und Prometheus." Ceres sei als Göttin des Ackerbaus und der Fruchtbarkeit dafür zuständig, dass die Nahrungsmittel wachsen. „Und Prometheus ist derjenige, der den Menschen das Feuer bringt, welches uns überhaupt die Möglichkeit gibt zu kochen. Das sind also die beiden Schutzpatrone der Kochkunst." Doch was haben sie an dem Haus zu suchen?

„Die Stadt Frankfurt hatte schon immer eine große Bedeutung", beginnt der Stadtführer zu erzählen. „Im 19. Jahrhundert war die Stadt Diplomatenstadt, weil der Deutsche Bund hier getagt hat. Das heißt, es befanden sich viele wichtige Persönlichkeiten in der Stadt. Und die wollten entsprechend verpflegt und gut untergebracht werden." Obendrein hätten sich die reichen Frankfurter Bürger gern auch mal französische Köche geholt, um ihrer Repräsentationspflicht Genüge zu tun. Doch das Bewusstsein für gutes Essen geht noch viel weiter zurück: „Frankfurt ist ja auch Wahlstätte, Krönungsstätte, Messestadt. Zu den Messen kamen nicht nur die Kaufleute, sondern auch gekrönte Häupter. Das heißt, wir hatten ständig Besucher, die nobel essen und wohnen wollten, in der Stadt." Dadurch habe sich die Main-Metropole schnell den Ruf erobert, dass man hier am besten essen könne und dass die Kellner und Köche nirgends so gut ausgebildet würden wie in Frankfurt.

Mikael Horstmann weiß, was früher in diesem Haus beheimatet war.

Das war vielleicht der Grund, warum sich am 2. September 1896 der Internationale Verein der Köche hier ansiedelte. „Und der bekam von seinen Mitgliedern ständig Menükarten und Bücher geschenkt", sagt Horstmann. Irgendwann habe der Verein dann gar nicht mehr gewusst, wohin damit. „Das fand Direktor Matthaeus Carl Banzer einfach ein bisschen schade. Er schlug vor, in einem neuen Verbandsgebäude auch ein Museum unterzubringen." Gesagt, getan: Am 5. März 1908 wurde der Grundstein für das Kochkunstmuseum in der Windmühlstraße 1 gelegt und das Museum am 19. Januar 1909 eröffnet. 1920 erweiterte man das Haus um eine Lehrküche und einen Hörsaal. Am 2. Mai 1933 wurde der Internationale Verband der Köche jedoch gleichgeschaltet und in die Deutsche Arbeitsfront eingegliedert. Und 1937 schloss das Kochkunstmuseum, die Sammlung brachte man in eine Villa im Sommerhoff-Park.

„Frankfurt wurde im Dritten Reich Forschungsstätte für Ernährung. Es gab hier unzählige Versuchs- und Lehrküchen", sagt Horstmann. „In einem Institut für Kochwissenschaften befasste man sich unter anderem mit der Frage, wie die Fett- und Eiweißlücke während des Krieges überbrückt werden kann. Und dann machen

„Das fand Direktor Matthaeus Carl Banzer einfach ein bisschen schade. Er schlug vor, in einem neuen Verbandsgebäude auch ein Museum unterzubringen."

sie 1941, mitten im Krieg, so ein absurdes Museum auf, das Deutsche Gaststättenmuseum, um typische Gaststätteninterieurs aus ganz Deutschland auszustellen. Als hätte man in jenen Zeiten keine anderen Sorgen gehabt!" Hinter dem ganzen Projekt steckte eine nicht weniger kuriose Forschungsgemeinschaft für Fremdenverkehr, die auch in den Kriegsjahren daran festhielt, Deutschland als touristisches Ziel zu vermarkten.

Die in die Villa Sommerhoff verbrachte Sammlung des Kochkunstmuseums wurde bei einem Bombenangriff zerstört. Das Haus in der Windmühlstraße blieb der Branche jedoch noch eine Weile erhalten: 1949 wurde hier das „Hotel der Kochkunst" eingerichtet. Und das Bewusstsein für dieses Erbe ist in Frankfurt durchaus vorhanden: Seit 1988 gibt es den Verein Deutsche Tafelkultur, der nun versuchte, wieder ein Kochkunstmuseum zu eröffnen. Mikael Horstmann ist ehrenamtlicher Kurator. Am 25. November 2015 eröffnete der Verein an der Zeil das Deutsche Museum für Kochkunst und Tafelkultur.

Eva-Maria Bast

....

So geht's zu den Skulpturen:

Sie befinden sich an der Fassade des Gebäudes Windmühlstraße 1.

Der linke Adler blickt heraldisch nach links. Aber warum?

18

Adler
Links oder rechts?

D as Rathaus? Ein prachtvolles Zeichen des Frankfurter Selbstbewusstseins! Klar, dass da ein Adler einen prominenten Platz einnimmt, sollte man meinen. Schließlich ist doch der Adler das Wappentier der Frankfurter! Aber so einfach ist es nicht: Als Gästeführerin Adriane Dolce die imposante Dreigiebelfassade des Römer genauer betrachtete, kam sie ins Grübeln. Rechts neben der Uhr befindet sich ein Doppeladler und links neben der Uhr ein Adler mit (nur) einem Kopf. Der Frankfurter Adler hat ebenfalls nur einen Kopf, also wirkt es irgendwie schlüssig. Doch etwas stimmt nicht. Genauer gesagt: eine ganze Menge! Dem einköpfigen Adler fehlt die Krone, die der Frankfurter Adler trägt. Außerdem und vor allem schaut er in die falsche Richtung, nämlich heraldisch – also von sich aus gesehen – nach links. Der Frankfurter Adler blickt jedoch immer und ausschließlich heraldisch nach rechts! Wenn es sich aber nicht um das Frankfurter Wappentier handelt – was für ein Adler ist es dann?

Die Spurensuche führte zu Dr. Michael Matthäus vom Institut für Stadtgeschichte, der sich immer wieder einmal mit dem Fassadenschmuck am Rathaus beschäftigt. Und er findet zwei Erklärungen plausibel: „Der Frankfurter Adler ist das definitiv nicht. Bei den Adlerwappenreliefs könnte es sich beide Male um Reichsadler handeln", vermutet er. Nämlich bei dem einköpfigen Adler um das königliche Reichswappen und bei dem zweiköpfigen um das kaiserliche Reichswappen, das erstmals König Sigismund (1368-1437) nach seiner Kaiserkrönung im Jahr 1433 verwendete.

Eine andere Erklärung hat er bei Willi Stubenvoll gelesen, der den Adler als „Wappenadler des Deutschen Reiches (ab 1871)" bezeichnet. Dieser hätte jedoch über dem Kopf die Kaiserkrone und auf der Brust das preußische Adlerwappen haben müssen. Allerdings blickten die Adler des königlichen Reichswappens und auch der Wappen-

Dr. Michael Matthäus hat mehrere Erklärungsansätze, warum der Adler am Rathaus in die heraldisch „falsche" Richtung blickt.

adler des 1871 gegründeten Deutschen Reiches so wie der Frankfurter

Stadtadler nach links (heraldisch nach rechts). „Ich habe auch schon gelesen, dass es ein Fehler der Handwerker gewesen sein soll, dass der Adler heraldisch nach links blickt, aber das kann ich mir nicht vorstellen. Dann hätte man ihn nicht an derart prominenter Stelle angebracht, und die Steinmetze hatten ja sicherlich eine Vorlage." Die schlüssigste Erklärung ist für den Historiker eine ganz banale: „So, wie die Adler jetzt angebracht sind, schauen sie sich an und blicken beide zu der Uhr, die sich zwischen ihnen befindet. Vermutlich spielte einfach nur die Symmetrie eine Rolle." Diese These wird auch dadurch gestärkt, dass sich vor dem Rathaus zwei Stelen befinden, die ebenfalls von Adlern gekrönt sind. Und diese beiden Adler schauen sich an, analog zu den Adlern weiter oben an der Fassade.

> **„So, wie die Adler jetzt angebracht sind, schauen sie sich an und blicken beide zu der Uhr, die sich zwischen ihnen befindet. Vermutlich spielte einfach nur die Symmetrie eine Rolle."**

Bis zur Zerstörung im Zweiten Weltkrieg habe es auch einen Frankfurter Adler an der Fassade gegeben, erläutert Michael Matthäus, wie sich das gehört weiß beziehungsweise silbern auf rotem Grund. Mit goldener Krone. Und der habe ganz prominent in der Giebelspitze unter dem Dachreiter gesessen.

Bevor es so weit war, mussten allerdings einige Extrarunden gedreht werden: Die Stadt Frankfurt hatte die Häuser Zum Römer und Zum Goldenen Schwan im Jahr 1405 erworben und zum Rathaus umgebaut. Hier berieten nun die Kurfürsten über die Wahl eines neuen römisch-deutschen Königs, bevor der eigentliche Wahlakt in der Bartholomäuskirche, dem so genannten Kaiserdom, vollzogen wurde. Auch der in der Goldenen Bulle von 1356 festgeschriebene Sicherheitseid der Frankfurter war nun mit dem neuen Rathaus verknüpft: Der Rat leistete ihn im Inneren vor den Kurfürsten, die versammelte Bürgerschaft dagegen draußen auf dem Römerberg. Als seit 1562 auch die meisten Krönungen in Frankfurt erfolgten, wurde der Kaisersaal des Römers zum Schauplatz des im Anschluss abgehaltenen Krönungsbanketts, während auf dem Römerberg ein Krönungsfest für die Bevölkerung (siehe Geheimnis 48) und etwas später auch die Huldigung der Frankfurter an den neuen Herrscher stattfand.

Damit zählt der Römer zu den bedeutendsten Gebäuden des Heiligen Römischen Reichs Deutscher Nation. Im Laufe von fünf Jahrhunderten wuchs der Rathauskomplex von zwei auf elf baulich miteinander verbundene Häuser an. 1889 bewarb sich Max Meckel (1847-1910) erfolgreich mit einem pompösen neugotischen Entwurf für die Neugestaltung der Fassade. Insbesondere Kaiser Wilhelm II. (1859-1941) zeigte sich beeindruckt. Im Konzept „Dreigiebel" sah Meckel zusammen mit dem bekannten Frankfurter Maler Peter Becker (1828-1904) nicht nur eine völlige Veränderung der Fensteranordnung vor, sondern auch wesentlich mehr Fassadenmalerei. Beabsichtigt war der Frankfurter Adler prominent und sehr groß in der Giebelspitze. Neben der Uhr war jeweils ein Adler mit Blick nach links (heraldisch nach rechts) geplant – sprich einer schaut zur Uhr und der andere schaut von ihr weg.

Doch der Frankfurter Stadtverordnetenversammlung und insbesondere dem 1890 zum Oberbürgermeister ernannten Franz Adickes (1846-1915) gefiel der Entwurf ganz und gar nicht – ihnen waren die horrenden Baukosten zu hoch. Und so forderte man Meckel auf, einen neuen, schlichteren Entwurf auszuarbeiten. Nach mehreren Änderungen reichte er 1894 eine finale Version ein. Im Verlauf der verschiedenen Versionen wurde aus dem Adler rechts ein Doppelkopfadler und der Adler links neben der Uhr änderte seine Blickrichtung zur Uhr hin. So, wie er heute noch zu sehen ist.

Der echte Frankfurter Adler ist aber schließlich doch noch an der Fassade gelandet: Er sitzt zwischen den beiden Eingangsportalen. Und schaut, wie sich das gehört, in die richtige Richtung. Das Krönchen sitzt perfekt.

Eva-Maria Bast

....

So geht's zum Adler:

Er befindet sich an der Fassade des Rathauses links neben der Uhr. Das Rathaus steht am Römerberg.

19

Tür

Der Code lautete „Rebekka"

W er in ‚Ali Baba und die 40 Räuber' sagt, „Sesam öffne dich!", der erhält Zutritt zur Schatzkammer. Für Frankfurts Männer in den 1950er-Jahren ging das Zauberwort aber anders. Es lautete „Rebekka" und öffnete den Zugang zur Wohnung von Rosemarie Nitribitt (1933-1957). Sprechen musste man das Zauberwort an einer Tür in eine moderne Gegensprechanlage – die Nitribitt konnte sich ein solches Gerät selbstverständlich leisten. Wenn man Pech hatte, musste man allerdings eine Weile warten, bis man vorgelassen wurde, denn der Andrang an Rosemarie Nitribitts Appartementtür war groß!

Christian Setzepfandt hat zu dieser Tür – und überhaupt zu diesem Haus – eine ganz besondere Beziehung. Nicht, weil er ebenfalls zu jenen gehört hätte, die „Rebekka" sagten, unter anderem ist er dazu zu jung. Aber Christian Setzepfandt ist der Sohn Karl-Heinz Setzepfandts, der das Haus 1956 als Architekt gemeinsam mit seinem Partner Wilhelm Berentzen plante und baute. „Das war eine ganz große Sache, ein Haus mit 40 eleganten Appartements, die alles hatten, was man damals schick fand. Fußbodenheizung, Müllschlucker, Aufzug, Zentralstaubsauger. Und eben eine Gegensprechanlage." Durch die man „Rebekka" rufen konnte, wenn man zu Rosemarie Nitribitt wollte.

Als sie das Appartement bezog, war sie Anfang 23, „Edelhure", und hatte nach einer guten Wohnung gesucht. Leisten konnte sie sich ein nobles Etablissement ohne Probleme: 80.750 Mark hatte sie in ihrem florierenden horizontalen Gewerbe im Jahr des Wohnungskaufs verdient, wie Setzepfandt recherchierte. Zum Leidwesen der Nachbarschaft, alles betuchtere Personen, denn alle Wohnungen in dem Appartementhaus waren teuer. Die waren freilich keineswegs begeistert, wenn sich im Flur lange Schlangen mit wartenden (wenn auch namhaften) Freiern bildeten. Und die Betriebsgeräusche seien eben auch ausgesprochen laut gewesen, erzählt Setzepfandt mit einem Schmunzeln.

....

Christian Setzepfandt klingelt, wo die Freier der Nitribitt klingelten.

Durch die Tür schritten einst
bedeutende Herren auf dem Weg zur
bezahlten Liebe.

„Durch diese Tür hier sind sie alle gegangen", erklärt er feierlich und deutet auf den Eingang, „die Freier ebenso wie die erbosten Nachbarn." Die Männer ließen wirklich viel Geld bei der Nitribitt: „Wenn einer hier für 50 Mark hingegangen ist, dann entsprach das dem Monatsgehalt eines Lehrlings", macht der Frankfurter die Dimension deutlich. Davon, dass die Nitribitt eigentlich aus sehr einfachen Verhältnissen stammte, war bald nichts mehr zu spüren. Und das lag nicht nur an dem vielen Geld, das sie verdiente, sondern auch daran, dass sie ihre Herkunft vertuschen wollte und deshalb Benimmunterricht nahm, Sprachen lernte und einiges für ihre Bildung tat.

Die Kindheit der späteren Edelhure war alles andere als leicht gewesen. Ihre Mutter kam mehrmals ins Gefängnis, den Vater hatte sie nie kennengelernt, immer wieder musste sie in ein Kinderheim, immer wieder riss sie aus. Sie kam zu einer Pflegefamilie und wurde dort, als sie erst elf Jahre alt war, von einem Nachbarsjungen vergewaltigt. Rosemarie Nitribitt war noch nicht volljährig, als sie begann, als Prostituierte zu arbeiten.

Schließlich kam sie, immer noch minderjährig, nach Frankfurt – und ihre „Kunden" verehrten sie. Ein Freier schenkte ihr ein Auto, ein anderer einen Urlaub. Ihren berühmten schwarzen Mercedes 190 SL mit den roten Ledersitzen kaufte sie sich allerdings selbst.

In ihrem Appartement bereitete Rosemarie Nitribitt ihren Besuchern jedoch nicht nur himmlische Freuden, sondern sie selbst landete dort im Jenseits – auf sehr tragische Weise: Sie wurde 1957 ermordet, da war sie gerade einmal 24 Jahre alt. Bis heute ist der Täter unbekannt.

„Ihr Tod sorgte in Frankfurt für große Aufregung, im Zuge der Ermittlungen wurden Verbindungen zu vielen namhaften Herren aus Politik und Wirtschaft hergestellt", sagt Christian Setzepfandt. „Man behauptete auch, dass der Fall nicht wirklich aufgeklärt werden konnte, weil viel vertuscht wurde, eben um die mächtigen Herren zu schützen."

„Durch diese Tür hier sind sie alle gegangen."

Hauptverdächtiger war jedoch der Handelsvertreter Heinz Christian Pohlmann, der kurz nach Rosemarie Nitribitts Tod über erstaunlich viel Geld verfügte. Mangels Beweisen wurde er aber freigesprochen, zumal der Todeszeitpunkt der Nitribitt aufgrund eines Ermittlungsfehlers nicht genau bestimmt werden konnte.

Rosemarie Nitribitt, das Mädchen aus einfachen Verhältnissen, die Edelhure, der die Männer zu Füßen lagen, erlangte aufgrund ihres tragischen Endes fast größere Berühmtheit als wegen ihres durchaus bewegten Lebens.

Eva-Maria Bast

So geht's zur Tür:

Die Tür, an der man „Rebekka" sagen musste, damit sie sich öffnet, befindet sich in der Stiftstraße 36.

Isabel Bergen ist durchs Frauenpförtchen spaziert. Und auch wenn sie keine trägt, so hat sie hinsichtlich der Sittlichkeit doch eine blütenweiße Weste.

20

Frauenpförtchen
Ein Tor für gefallene Mädchen?

„Sie ist so unscheinbar, dass die allermeisten achtlos an ihr vorbeigehen. Und durch sie hindurch geht ohnehin so gut wie niemand. Dabei finde ich, dass es sich hier um ein ganz wichtiges Überbleibsel aus der Vergangenheit handelt", sagt Isabel Bergen und erklärt: „Das ist die sogenannte Frauenpforte, eines der Tore und Pförtchen, durch die man früher in die Stadt hineingelangte." Das 1456 umgebaute Pförtchen befand sich in der ehemaligen Staufenmauer, dem inneren Befestigungsring aus dem 12. Jahrhundert. Erbaut wurde die Pforte im Zuge der zweiten Stadterweiterungsphase von 1333. Diese Mauer verlief entlang dem heutigen Großen und Kleinen Hirschgraben, am Holzgraben und an der Kurt-Schumacher-Straße (siehe Geheimnis 35).

„Woher die Frauenpforte ihren Namen hat, dazu gibt es zwei Theorien", spricht die Stadtführerin die Hintergründe an. Der ersten Variante zufolge sei die Frauenpforte nach dem in der Nähe befindlichen Frauenhaus benannt worden. Frauenhäuser gab es in Deutschland seit dem 13. Jahrhundert, sie wurden vom Rat eingerichtet, um zumindest ein bisschen Einfluss auf die käufliche Liebe zu haben und sie zu kontrollieren. „Manchmal werden sie aber auch als Arbeitshäuser erwähnt", sagt Isabel Bergen.

„Das ist die sogenannte Frauenpforte, eines der Tore und Pförtchen, durch die man früher in die Stadt hineingelangte."

Der zweiten Variante zufolge hat die Frauenpforte ihren Namen vom Weißfrauenkloster bekommen. Das Weißfrauenkloster befand sich ungefähr gegenüber dem Karmeliterkloster, nach dem Merian-Stich von 1628 war dies innerhalb der Stadtmauer – auch zu Zeiten der Staufenmauer. Und diese Version ist nicht weit entfernt von der ersten, denn: „Dort kümmerte man sich um die sündigen Frauen, die als Prostituierte gearbeitet haben und die im Alter niemanden hatten, der sie pflegt", erzählt die Frankfurterin. Um Buße zu tun, hätten sie sich niemals ausruhen oder dem Müßiggang nachgehen dürfen und weiß gekleidet sein müssen, daher der Name des Klosters. Es wurde im Jahr 1228 gegründet, vier Jahre nachdem in Worms der Orden der Weißfrauen, auch „Magdalenerinnen" oder „Reuerinnen" genannt, ins Leben gerufen worden war. Zweck des von Bürgern gestifteten Klosters war schon bei der Gründung, sich um „reuige" Straßendirnen zu kümmern. Ab Mitte des 13. Jahrhunderts nahm das Kloster auch die nicht verheirateten weiblichen Familienmitglieder von Frankfurter Bürgern in seine Obhut.

Die Elemente setzten dem Sünderinnenkloster ganz schön zu: 1248 brannte es bis auf die Grundmauern nieder und musste erneuert werden. Und als der Main im Juli 1342 beim berühmten Magdalenenhochwasser seinen bisher höchsten Pegelstand erreichte, stand das Wasser auch in der kleinen Kirche, die der heiligen Magdalena geweiht war, sieben Schuh hoch.

Die Einführung der Reformation in Frankfurt im Jahr 1530 läutete den Anfang vom Ende des Klosters ein. Zehn Jahre später mussten die letzten Nonnen gehen, ab 1542 ist ein evangelischer Prediger an dem Kloster bekannt.

Die weitere Geschichte ist schnell erzählt: Wallonische Flüchtlinge aus Flandern durften hier ebenso ihre Gottesdienste feiern wie Engländer, die vor Maria Stuart geflohen waren – allerdings nur kurze Zeit, denn nach 1562 waren reformierte Gottesdienste in Frankfurt nicht mehr erlaubt, der Rat bekannte sich inzwischen zur Gänze zur lutherischen Lehre.

Anfang des 19. Jahrhunderts wurde das ehemalige Kloster einer ganz anderen Verwendung zugeführt: Die erste Frankfurter Realschule wurde gegründet und bekam den Namen Weißfrauenschule, weil sie die ehemaligen Klostergebäude nutzte. Hier wurden vor allem Söhne aus Handwerkerfamilien erzogen. Weitere 100 Jahre später kam es 1912 zum Abriss des Klosters, in dessen Nachbarschaft sich in den vorangegangenen Jahrzehnten einiger Wandel vollzogen hatte: Zahlreiche Gebäude waren abgebrochen und ab 1875 das Hotel Frankfurter Hof gebaut worden. Die Kirche blieb allerdings noch stehen, bis sie im Zweiten Weltkrieg bei dem verheerenden Bombenangriff am 22. März 1944 vollständig ausbrannte. Auf den Wiederaufbau verzichtete man, die Reste der Kirche wurden 1953 im Zusammenhang mit dem Bau der Berliner Straße abgetragen.

Zwei Erklärungsansätze für den Namen des Pförtchens in der ehemaligen Staufenmauer gibt es also. In beiden Fällen ist klar: Die Frauen, die hier hindurchgingen, um entweder ins Frauenhaus oder ins Weißfrauenkloster zu gelangen, hatten wohl keine ganz astreine Biografie, was die Sittlichkeit angeht.

Eva-Maria Bast

....

So geht's zum Frauenpförtchen:

Es befindet sich zwischen dem Untermainkai und der Alten Mainzer Gasse.

Pfingstloch

Das Törchen für den Heiligen Geist

„Es ist erstaunlich, dass es die Reformation überlebt hat!", sagt Sascha Stefan Ruehlow. Er meint das Loch in der Decke der Alten Nikolaikirche. „Man nennt es Pfingstloch, manche sagen Heiliggeistloch dazu", erklärt der Gästeführer. „Bis zur Reformation war dies in katholischen Kirchen gängig." Die Alte Nikolaikirche, die seit der 1530 in Frankfurt eingeführten Reformation nicht mehr katholisch ist, sei eine der wenigen Kirchen im deutschen Raum jenseits der Alpen, in der es ein solches Pfingstloch heute noch gibt.

Pfingstlöcher wurden genutzt, um die Botschaften aus der Bibel, vor allem zu Ostern und Pfingsten, symbolisch erlebbar umzusetzen. „Vor Luther: Das war auch vor der Zeit des Buchdrucks", erklärt Ruehlow, „viele Menschen konnten nicht lesen und schreiben. Symbole spielten entsprechend eine viel grundlegendere Rolle." In der Bibel wird der Heilige Geist, der zu Pfingsten die Apostel erfüllt, als Taube dargestellt. Also wurden aus der Öffnung in der Decke Tauben in die Kirche gelassen. Denn: „Der Glaube lebt, die Taube schwebt, des Heilands holder Bote", so heißt es in Richard Wagners Bühnenweihfestspiel „Parsifal". „Während die Tauben in der Kirche herumflatterten, wussten die Frankfurter: Der Heilige Geist ist gekommen", bestätigt Sascha Stefan Ruehlow die Wirkung der symbolischen Handlung. Bei anderen Festen, wie Mariae Himmelfahrt, wurde eine Marienfigur durch das Loch in der Decke gezogen, um zu symbolisieren, dass ein Mensch zum Himmel aufgefahren ist. Zu Weihnachten konnte das Jesuskindlein von oben herabgelassen werden.

Sascha Stefan Ruehlow ist fasziniert von den Relikten und Geschichten, die in der Alten Nikolaikirche beheimatet sind.

„Das ist für mich das Faszinierende an der Alten Nikolaikirche: In ihr sind Relikte aus verschiedenen Epochen erhalten." Die werden von täglich rund 10.000 Touristen angeschaut. Darunter zum Beispiel zwei farbig gefasste Grabplatten für den 1386 verstorbenen Schultheißen Siegfried zum Paradies und seine 1378 verstorbene Frau Katharina von Wedel. Ebenso die Fenster, von der Frankfurter Künstlerin Lina von Schauroth (1874-1970) geschaffen. Die vier Farbfenster Anbetung, Flucht nach Ägypten, Kreuzabnahme und Segnender Christus wurden 1922 für die Privatkapelle der Industriellenfamilie von Weinberg in Frankfurt-Niederrad geschaffen, während des Krieges im Limburger Dom gelagert und 1951 in die Alte Nikolaikirche eingebaut (siehe Geheimnis 15). Doch am meisten fasziniere ihn eben jenes Pfingstloch, sagt Sascha Stefan Ruehlow: „Ein Relikt, das uns heute zeigt, wie die Menschen früherer Zeiten gedacht haben und an was sie festgehalten haben. Es ist fantastisch, dass das überlebt hat."

Julia Rieß

So geht's zum Pfingstloch:

Es befindet sich in der Decke des Langhauses der Alten Nikolaikirche. Die Alte Nikolaikirche steht am Römerberg 11.

*Nina Adam steht da, wo sich früher
der Ulrichstein befand.*

22

Pflasterkreis

Was vom Turme übrig blieb

Wer am Mainufer entlangspaziert, kann eine Menge entdecken. So viel gibt es zu sehen, dass man den Pflasterkreis, der sich am Schaumainkai auf der Südseite des Mains befindet, beinah übersieht. Eine, die ihm aber immer Beachtung schenkt, wenn sie ihn passiert, ist Nina Adam. Denn sie weiß, was dieser Pflasterkreis mit Hanau zu tun hat. Und in Hanau hat Nina Adam ihr ganzes Leben verbracht. „An der Stelle, an der sich der Pflasterkreis befindet, stand der Ulrichstein, das war ein Turm, der zur Stadtbefestigung gehörte", erzählt sie. „Er wurde vermutlich von Ulrich III. von Hanau als Zwingburg gegen die Stadt Frankfurt errichtet, mit der er immer wieder Ärger gehabt hatte." „Landesbaurath" Carl Wolff und Stadtarchivar Rudolf Jung erklären in ihrem 1898 erschienen Werk „Die Baudenkmäler in Frankfurt am Main" die Hintergründe: Ulrich III. von Hanau (um 1310-1369/70) sei „bis 1366 Pfandinhaber des Frankfurter Schultheisenamtes gewesen" und habe als solcher „viele Kämpfe mit der Stadt zu bestehen" gehabt (siehe Geheimnis 46). Manchmal wird allerdings auch eine Erbauung des Turms durch Ulrich I. von Münzenberg (1217-1240) tradiert.

Urkundlich erstmals erwähnt wurde der Turm 1391 im „Verzeichnis der Pforten und Thürme". „Er befand sich damals im Besitze der Stadt", ist dem Buch über die Baudenkmäler zu entnehmen. Der Turm war Teil der Stadtbefestigung und mit der Fischer- oder Mainzer Pforte verbunden. Selbige wurde 1552 erweitert, „als man nach Schliessung der Oppenheimer Pforte die durch diese gehende Strasse hierher verlegte und der Pforte ein Vorthor gab, welches nach dem Namen der ganzen Gegend Schaumain-Pforte genannt wurde. Diese neue äussere Pforte wurde 1600 ausgebaut."

Schwer zerstört wurde der Ulrichstein während des Dreißigjährigen Kriegs (1618-1648) bei der Beschießung im August 1635 „durch die Kaiserlichen unter Lamboy, als der schwedische Oberst von Vizthum die Räumung Sachsenhausens verweigerte; am 9. August 1635 machten die Kaiserlichen und Frankfurter einen vergeblichen Versuch, am Ulrichstein vom Wasser aus einzudringen und sich in Sachsenhausen festzusetzen", schreiben der Stadtarchivar und der Landesbaurat. All das ereignete sich im Zusammenhang mit dem Abzug der schwedischen Truppen, die die Stadt Frankfurt seit 1632 besetzt hatten.

Ein Pflasterkreis in der Straße soll die Erinnerung wachhalten.

Lange Zeit bestand der Turm in der Folge als Ruine weiter, auch nach dem Abriss der Sachsenhäuser Stadtmauer im Jahr 1812. Nun erhielt er neue Nachbarschaft: Eine Toranlage – bestehend aus zwei kleinen Häuschen, einer Wache und einem Zollhaus – wurde gebaut. Wer an dieser Stelle in die Stadt wollte, musste hier hindurch. Doch als Frankfurt immer mehr wuchs, verloren die Wachen zunehmend an Bedeutung, deshalb wurde die Anlage Ende des 19. Jahrhunderts abgerissen. Schon hatte der Ulrichstein diese erneute Nachbarschaft wieder verloren und stand als Ruine einsam und allein direkt am Wasser. Im Stich ließ man ihn aber nicht, er wurde restauriert. Wolff und Jung

„Aber glücklicherweise hat man noch in der Fahrbahn die Stelle angedeutet, wo der Turm stand. Der Pflasterkreis bildet seinen Umfang ab."

schreiben, „um den Ulrichstein vor weiterem Verfall zu schützen wurden im Frühjahr 1897 nach dem Vorschlage des Conservators Cornill und des Bauinspektors Dr. Wolff vom 10. Oktober 1895 die grossen Löcher im Mauerwerk mit alten Steinen des hier verwendeten Materials ausgeflickt und die oberen Flächen mit einem deckenden Cementguss versehen".

Sein Ende fand der Turm aber im 20. Jahrhundert. Stadtführer Frank Seibold, der sich ebenfalls mit dem Ulrichstein auseinandergesetzt hat, erklärt: „Das geschah im Zuge des Hochstraßenbaus in den 1930er-Jahren, früher stand der Turm ja direkt am Wasser." Gegen den Abbruch des Turms hätten sich viele Frankfurter gewehrt, auch der Magistrat und der preußische Landeskonservator waren gegen den Abriss, den das Tiefbauamt am 10. März 1930 dennoch umsetzte.

Frank Seibold sagt: „Aber glücklicherweise hat man noch in der Fahrbahn die Stelle angedeutet, wo der Turm stand. Der Pflasterkreis bildet seinen Umfang ab."

Eva-Maria Bast

So geht's zum Pflasterkreis:

Er befindet sich im Asphalt des Schaumainkais auf der südlichen Mainseite.

23

Grab auf dem Schulhof

Verwirrungen um die letzte Ruhestätte

Direkt an der Mauer der Liebfrauenschule, mitten auf dem Schulhof, befindet sich – ein Grab! „Hier liegt die Mutter des berühmtesten Sohnes unserer Stadt begraben", erklärt Elisabeth Lücke. Katharina Elisabeth Goethe (1731-1808) war die Tochter des Frankfurter Stadtschultheißen Johann Wolfgang Textor. Sie erhielt, wie damals üblich, keine umfassende Ausbildung, sondern heiratete als 17-Jährige den damals 38-jährigen Johann Caspar Goethe. Kurz darauf schenkte sie Johann Wolfgang Goethe (1749-1832) das Leben, dem ersten von sechs Kindern. Der beschrieb seine Mutter später einmal als Frohnatur. Überliefert sind ebenfalls ihre Warmherzigkeit und Gastfreundlichkeit. Doch warum ist sie mitten auf dem Schulhof begraben? Elisabeth Lücke erklärt, wie es dazu kam:

Als Katharina Elisabeth Goethe am 13. Oktober 1808 starb, wurde sie auf dem Petersfriedhof beerdigt, der in der Nachbarschaft der Schule lag, jedoch 1828 geschlossen wurde. „Der Friedhof war in einem ganz desolaten Zustand und die hygienischen Zustände ließen zu wünschen übrig. Also beschloss die Stadt, dass er so nicht weiter belegt werden konnte", sagt die Gästeführerin. Er verfiel, die Gräber wurden nicht gepflegt und Dokumente verschwanden. Das Grundstück des heutigen Peterskirchhofs macht nur etwa ein Viertel der ursprünglichen Fläche aus und die Grenzen des gesamten Fried-hofs sind heute nur noch schwer nachvollziehbar.

Im Jahr 1849, anlässlich Goethes 100. Geburtstags, beschloss die Stadt, am Grab seiner Eltern auf dem Peterskirchhof eine Gedenkfeier abzuhalten, und behielt dies in den kommenden Jahren bei. „Irgend-wann kamen aber Zweifel auf, ob das auch wirklich das richtige Grab war", erzählt Elisabeth Lücke. „Eine Kommission des Freien Deutschen Hochstifts überprüfte es und stellte fest, dass man sich bei der Gräber-nummerierung vertan hatte. Also fanden die Feierlichkeiten fortan an anderer Stelle auf dem Friedhof statt – an dem nun vermeintlich richti-

Die Grabstätte aus rotem Sandstein, mitten auf dem Schulhof und im Schatten eines seltenen Maulbeerbaums.

gen Grab – und immer noch davon ausgehend, dass Vater und Mutter Goethe in ein und demselben Grab bestattet worden waren."

Die zweite Überraschung folgte: Anfang des 20. Jahrhunderts gab das Goethe- und Schiller-Archiv in Weimar bekannt, dass Mutter und Vater Goethe getrennt voneinander, in ihren jeweiligen Familiengräbern, bestattet worden waren. Demnach lag das Grab des Vaters zwar, wie angenommen, auf dem Peterskirchhof. Doch Katharina Elisabeth war auf eigenen Wunsch im Familiengrab der Textors bestattet worden. Und das lag auf genau jenem Teil des Friedhofs, der abgetrennt und umfunktioniert worden war, als die benachbarte Liebfrauenschule einen Schulhof brauchte. So kommt es, dass das Grab von Aja Goethe, wie sie auch genannt wurde, auf dem Pausenhof zu finden ist. Der Nürnberger Bildhauer Hans Korner schuf ihr dort eine Grabstätte aus rotem Sandstein. „Wer sich ein bisschen mit Mutter Goethe beschäftigt hat, weiß: Sie findet das nicht schlimm, dass in den Pausen die Kinder über ihre Grabstätte toben", erklärt Elisabeth Lücke. „Aber das ist schon ein absolutes Kuriosum. Viele Leute gehen vorbei und denken, das sei irgendeine Ehrentafel und so ein Säulenhalbrund. Aber nein, das ist das Grab von Mutter Goethe!", fasst die Gästeführerin das kuriose Geheimnis hinter dem Grabmal zusammen.

Elisabeth Lücke freut sich, dass Goethes Mutter letztlich eine würdige Grabstätte zuteilwurde – wenn auch auf einem Schulhof.

Julia Rieß

So geht's zum Grab auf dem Schulhof:

In der Schäfergasse 23 liegt die Liebfrauenschule. Das Grab von Goethes Mutter befindet sich auf dem hinteren Teil des Schulhofes.

Sascha Stefan Ruehlow weiß: In Frankfurt gingen Hexenprozesse glimpflich aus.

Hexenplätzchen
Wo nichts bleibt als eine Legende

E in lauschiges Plätzchen inmitten von Frankfurts Altstadt. Ein knorriger Baum, der Schatten spendet, Parkbänke, die zur Rast einladen. Wer dieser Einladung folgt und Platz nimmt, blickt durch das Grün, das dieses Plätzchen umgibt, auf die Alte Mainzer Gasse. Vorbeifahrende Autos, moderne Häuser und geschäftige Fußgänger. Warum dieser Ort im Volksmund „Hexenplätzchen" genannt wird, erschließt sich zunächst nicht. Denn der Name ist das einzige Relikt, das daran erinnert, was sich hier im 17. Jahrhundert zugetragen haben soll. Und daran, dass Frankfurt neben Nürnberg die einzige Stadt im Heiligen Römischen Reich Deutscher Nation war, in der es keine Hinrichtungen von Frauen oder Männern wegen Hexerei oder Zauberei gab.

Um 1630, zur Zeit des Dreißigjährigen Kriegs (1618-1648), zierten 13.000 kleine Fachwerkhäuser die Frankfurter Altstadt. Hier, am westlichen Ende der Alten Mainzer Gasse, am heutigen „Hexenplätzchen", lag eine Vierung, also ein Platz, wo mehrere kleine Gassen aufeinandertrafen. „Da drüben, etwas zurückgelegen, stand ein windschiefes Häuschen", erzählt Sascha Stefan Ruehlow, der sich auch mit der dunkleren Geschichte Frankfurts beschäftigt hat und sein Wissen bei Stadtführungen weitergibt. „In diesem Häuschen wohnte eine Frau mit ihrer wunderschönen Tochter. Sie hatten nicht viel und hielten sich mit Nähen über Wasser." Seuchen, Hunger und Armut waren tägliche Begleiter der Bevölkerung während des Krieges und führten dazu, dass die Menschen missgünstig wurden. „Die zwei Frauen, die zurückgezogen lebten, boten für diese Missgunst die perfekte Zielscheibe", vermutet der Gästeführer. Der Rabe, der oft auf der Schulter der Mutter saß, die vielen Katzen, dazu hatte die Mutter einen Buckel. Binnen kurzer Zeit entstanden Gerüchte, dass sie Hexen seien. Nachbarn erzählten sich, sie hätten es ganz komisch flüstern hören, das Bäumchen habe sich bewegt, die schwarze Katze sei ins Haus gelaufen… Wahrheit und Übertreibung, Gesehenes und Gehörtes vermischten sich. Wie viel von der Geschichte wahr ist, lässt sich bis heute nicht sagen.

Der Name des Hexenplätzchens basiert auf einer Legende aus dem Jahr 1631.

Wir wissen: Die Schweden hatten die Stadt besetzt. Es wurde überliefert, dass ein junger Mann aus dem Heer von König Gustav II. Adolf (1594-1632) eines Tages die schöne Tochter sah und sich in sie verliebte. Alles, was er an Raubgut hatte, teilte er mit der kleinen Familie, und er versprach der Tochter die Ehe. Doch im Krieg konnte er nicht heiraten. Er musste weiterziehen und sagte zu seiner Geliebten: „Hier hast du alles, was ich habe, und in der größten Not werde ich dich retten." Während Mutter und Tochter sich dank seiner Unterstützung nun auf dem Markt mehr leisten konnten, fanden die Nachbarn dies ungerecht und stellten Ansprüche.

„Teilst du nicht mit uns?", fragten sie. Und das Mädchen sagte: „Nein, wir haben ja auch nicht so viel."

Als die junge Frau eines Morgens beim Wasserholen wieder einmal von der Nachbarin nach Geld gefragt wurde, entgegnete sie genervt: „Pass auf, krieg doch die Kränk." Ein typischer Ausspruch der Frankfurter sei das, erklärt Ruehlow, der in diesem Fall aber zu ihrem Verhängnis wurde. Denn die Frau, an die er gerichtet war, wurde krank und starb. Das muss für die Frankfurter der endgültige Beweis gewesen sein, dass Mutter und Tochter Hexen waren, und sie zogen die Konsequenz und versuchten, die beiden auf dem Römerberg zu verbrennen. Doch als sie auf dem brennenden Scheiterhaufen standen, kam der Schwede auf seinem Pferd in die Stadt galoppiert, riss die Frauen vom Scheiterhaufen herunter und rettete sie so in letzter Minute. „Manche Augenzeugen sollen geglaubt haben, dass es der leibhaftige Teufel war, der die Frauen zu sich holte", sagt Sascha Stefan Ruehlow.

Für ihn steht diese Überlieferung, in der die Hexen vom Tode verschont werden, stellvertretend für den grundsätzlich vermeintlich barmherzigen Umgang der Stadt mit „Hexen". „Es gab massenhaft Hexenprozesse hier in Frankfurt – aber kein einziger ist blutig ausgegangen. Allerdings lag das nicht unbedingt an grenzenloser Nächstenliebe", räumt er ein. „Der Magistrat bestand aus reichen Händlern, die sich selbst hineingewählt hatten. Sie wussten: Wenn bekannt wird, dass man durch Hexenprozesse als Erbe schneller an sein Geld kommt, könnte das auch unsere Erben anstiften, uns zu denunzieren. Darum hat Frankfurt es rigoros abgelehnt, Leute hinzurichten." Womit das Hexenplätzchen Denkmal für eine seltene Haltung der Frankfurter im Zeitalter der Hexenverfolgung ist: sich aus Klugheit nicht an der gnadenlosen Jagd zu beteiligen.

Julia Rieß

So geht's zum Hexenplätzchen:

Es liegt am westlichen Ende der Alten Mainzer Gasse.

Die Madonna überstand den Bombenhagel im Krieg.

25

Madonna

Ein Ort der Hoffnung – damals wie heute

Die Madonnenstatue, die in einer Lourdesgrotte im Innenhof der Liebfrauenkirche steht, bekommt viel Besuch. Dass sie mal allein ist, dass niemand vor ihr steht und zu ihr betet, dass zu ihren Füßen keine Kerzen brennen – 1.800 bis 2.000 werden täglich entzündet –, das gibt es eigentlich nicht. Mitten im pulsierenden Leben der Innenstadt, wenige Meter von der Haupteinkaufsstraße, der Zeil, entfernt, findet sich hier ein Ort der Einkehr und der Stille, trotz der vielen Menschen, die den Hof überqueren oder hier verweilen.

Aber auch diese Madonna, die so viel beachtete, hat ein Geheimnis oder besser, „eine Geschichte, die in Vergessenheit geriet", wie Bruder Christophorus Goedereis sagt. Doch bevor er davon berichtet, will er erst einmal über die Liebfrauenkirche erzählen: von dem Mann, der sie stiftete, dem Patrizier Wigel von Wanebach (gest.1322), der zugleich Bürgermeister war. Von seinem Schwiegersohn Wigel Frosch (gest. 1324) und von ihren Ehefrauen, Katharina von Wanebach und Gysela Frosch. Zunächst wurde eine kleine Kapelle errichtet. Doch nach dem Tod ihres Gatten setzte sich Katharina von Wanebach für die Erweiterung der Stiftung ein und erreichte im Jahr 1325, dass der Mainzer Erzbischof Matthias von Buchegg diese Kapelle zur Stiftskirche „Zu Unserer Lieben Frau" erhob.

„Das ist ein Geschenk von den Reichen der Stadt, das seit 1321 die beliebteste Volkskirche im Herzen Frankfurts ist", kommentiert der Mönch. Ein Ort des Miteinanders, der Begegnung. „Wenn Sie etwas über diese Stadt lernen wollen, dann kommen Sie hier her", lädt der Geistliche ein. „Das hat gar nichts mit Katholizismus zu tun, das ist gelebte Ökumene. Da sieht man muslimische Frauen ebenso eine Kerze anzünden wie Christen. Man sieht Jung und Alt, Arm und Reich. Banker und Obdachlose. Prostituierte und die Oma mit der Einkaufstüte."

Der Ort strahle eine ungemeine Kraft aus, findet der Mönch. Kein Wunder – denn er kündet von Zerstörung und Wiederaufbau, von Entsetzen und starkem Willen, von Hoffen und Finden. „Die Madonna hat den Bombenhagel des Zweiten Weltkriegs überstanden", sagt er, und das sei den meisten Frankfurtern gar nicht so im Bewusstsein. Die Kirche selbst war fast vollständig zerbombt worden: Sie wurde im November 1943 getroffen, dann bei dem schweren Luftangriff am 22. März 1944 – die Turmspitze stürzte ein, auch der Dachstuhl wurde zerstört. Am 24. März trafen die feindlichen Bomben schließlich die Sakristei. Und ein großer Teil von dem, was noch stehengeblieben war, fiel am 25. März in Schutt und Asche. „Degree of damage: 90 %", bilanzierte die amerikanische Besatzungsmacht später.

Für die Frankfurter war ihr Glaube umso wichtiger. Gerade jetzt. Gerade in dieser zerstörten Stadt. Sie kamen und beteten in dem „Sälchen" im Kloster, das, wie die Madonna, von den Bomben verschont geblieben war. Und sie knieten vor der Heiligen nieder und flehten voller Inbrunst darum, dass man ihnen ihre Liebsten nicht genommen habe, dass Gott sie doch wieder heimkehren lassen möge aus diesem alles verzehrenden Krieg. Die Madonna hörte all diese Gebete. Sie war Hoffnungsträgerin auch in einem ganz und gar praktischen Sinne: An diesem für die Frankfurter so zentralen Ort entstand ein schwarzes Brett. „Die Heilige wurde zu einer Art Briefkasten", sagt Bruder Christophorus. „Suchende hinterließen hier Zettel, auf denen Nachrichten standen wie: ‚Tante Mathilde, lebst Du noch? Uns geht es gut! Wir sind bei Großtante Ännchen untergekommen'." Auch das hat die Madonna gesehen: Männer und Frauen, die ob solch einer Nachricht bestimmt in Tränen der Erleichterung ausgebrochen sind. Und sie hat jene gesehen, die hier tagtäglich herkamen, in der vergeblichen Hoffnung, einen Zettel zu finden. Sie hat auch erlebt, dass nach dem Krieg die Kirche lange als Ruine stehen blieb. „Die Kirche war ja nach der Säkularisation eine Dotationskirche, das heißt, die Stadt war für sie zuständig. Und sie sollte nicht wiederaufgebaut werden." Das gefiel dem damals amtierenden Pfarrrektor P. Titus Hübenthal so gar nicht:

Bruder Christophorus weiß: Die Madonna wurde im Zweiten Weltkrieg zu einer Art Briefkasten für Suchende.

„Er setzte sich bei der Stadt sehr für den Wiederaufbau der Liebfrauenkirche ein", erzählt Bruder Christophorus. „Er machte klar, wie bedeutend die Liebfrauenkirche aus kunsthistorischer und wie wichtig sie aus seelsorgerischer Sicht war. Er legte seinen Schreiben an die Stadt sogar Rekonstruktionspläne bei." Doch die Stadt habe sich drei Jahre lang taub gestellt, bedauert er. „Und als sie reagierte, reagierte sie ziemlich ablehnend." Man habe geprüft, ob man denn wirklich zum

Wiederaufbau verpflichtet sei, im Dotationsvertrag sei schließlich nur die Rede von Kirchen, die bereits bestehen. Und dass man verpflichtet sei, diese zu pflegen. Aber ein Wiederaufbau? Sylvia Lins schildert in einem Aufsatz über die Geschichte der Kirche sehr lebendig, was dann geschah: „Das Hochbauamt war schließlich geneigt, auf P. Titus' Vorschlag einzugehen, das Grundstück mit der zerstörten Kirche der Gemeinde zurückzugeben, inklusive einer Ablösungssumme. Das Rechneiamt aber hat Sorge um ein Kulturdenkmal in der Hand einer finanzschwachen Gemeinde und versichert P. Titus, die Stadt wolle und könne sich ihren rechtlichen Pflichten nicht entziehen, jedoch sei die finanzielle Lage jetzt – 1948 – zu schlecht für einen Wiederaufbau." Und so dauerte es noch bis 1954, bis die Stadtverordnetenversammlung und der Magistrat den endgültigen Wiederaufbau beschlossen. „Titus hat sich auch während des Wiederaufbaus sehr engagiert", betont Bruder Christophorus. „Eigentlich haben wir ihm diese Kirche ebenso zu verdanken wie seinerzeit Wigel Wanebach."

„Das ist Marias Geheimnis und das Geheimnis dieses Ortes", bekräftigt Bruder Christophorus, „sie war Kontinuität in einer zerstörten Stadt. Und sie *ist* Kontinuität im Leben unzähliger Menschen verschiedenster Glaubensrichtungen." Die Kerzen, die um die Madonna herum brennen, sind ein Lichtermeer der Ökumene und der Hoffnung. Und die Madonna, die im Flackern der Kerzen ganz lebendig wirkt, steht gütig und weise wie eine schützende Mutter über jenen, die zu ihr beten.

Eva-Maria Bast

So geht's zur Madonna:

Sie steht im Innenhof der Liebfrauenkirche. Man erreicht sie über die Liebfrauenstraße oder das Schärfengäßchen.

Das Grab Reizchen Sofers auf dem Kinderhügel.

26

Kinderhügel

Langer Weg zum Wunschkind

Wer den Alten Jüdischen Friedhof betritt oder von außen durch das Eingangstor schaut, sieht als erstes einen Hügel. Man nennt ihn den Kinderhügel. „Er heißt so, weil unter ihm im Mittelalter viele kleine Kinder, die bei ihrem Tod weniger als zwei Jahre alt waren, bestattet wurden", erklärt Gästeführer Sascha Stefan Ruehlow. „Die Kindersterblichkeitsrate war in jener Zeit hoch. Die Kinder haben keinen eigenen Grabstein bekommen, sonst wäre der Friedhof innerhalb kürzester Zeit voll gewesen." Über die Jahrhunderte wurden wahrscheinlich immer neue Erdschichten aufgehäuft, um weitere Kinder bestatten zu können. So entstand der Hügel mit seiner tragischen Geschichte.

Und auf diesem auf so traurige Weise entstandenen Hügel liegt eine weitere Grabstätte. Denn dort befindet sich das Grab der Reizchen Sofer (gest. 1822). „Sie hatte immer damit gehadert, kinderlos geblieben zu sein", erzählt Ruehlow. „Man sagt, sie habe Gott angeklagt, dass er ihr das Wichtigste in ihrem Leben als Frau versagt habe. Und dass Gott ihr antwortete: Ich erfülle dir nun diesen Wunsch. Sie soll gelacht und gesagt haben: Wie soll ich in meinem Alter noch Kinder bekommen?" Man erzählt sich, sie sei zu diesem Zeitpunkt 63 Jahre alt gewesen, doch in Wirklichkeit war sie, so Ruehlow, Mitte dreißig, „was damals undenkbar alt für eine Schwangerschaft war".

Fest steht: Reizchen Sofer bekam in für damalige Verhältnisse sehr hohem Alter ihr Wunschkind. Und ihr Sohn, Moses Sofer (1762-1839), wurde der berühmteste aus Frankfurt stammende Rabbiner. Als seine Mutter 1822 starb, wurde sie auf dem Alten Jüdischen Friedhof an der Battonnstraße beerdigt. Seit 1828 wird der Friedhof nicht mehr genutzt, und wo genau sie begraben liegt, ist nicht bekannt. Dies hielt die vielen Frauen und Mädchen, die seit jeher mit dem Wunsch, Kinder zu bekommen, zum Grab der Mutter des Rabbiners pilgerten, nicht davon ab, hier herzukommen. Ein verbeultes Metallschild und später eine kleine Marmortafel waren das Ziel der orthodoxen Juden, die mit diesem, aber auch anderen Wünschen und Nöten zu diesem Wallfahrtsort kamen. Ein amerikanischer Jude ließ im Jahr 2013 einen neuen Grabstein aus rotem Sandstein für Reizchen Sofer errichten.

Sascha Stefan Ruehlow weiß, dass Reizchen und den Kinderhügel für viele Menschen noch mehr verbindet: „Eine alte Legende besagt, dass die Seelen der begrabenen Kinder in den Nächten hier spielen. Und dass Reizchen Sofer, die für eine lange Zeit schmerzhaft eigene Kinder vermisst hatte, Nacht für Nacht auf diese Kinder aufpasst. Damit keine der Seelen verloren geht." Eine Legende, die vielen Trost spenden mag.

Julia Rieß

....
So geht's zum Kinderhügel:

Er befindet sich hinter dem Eingang zum Alten Jüdischen Friedhof in der Battonnstraße und ist von außen durch das Eingangstor zu sehen. Der Friedhof ist immer geschlossen, der Schlüssel ist im benachbarten Museum Judengasse hinterlegt.

27

Pfennigdenkmal
Der Euro und das Brot

„Wir treffen uns besser vor der Deutschen Bank", sagt Anne Katrin Schreiner, als wir den Termin vereinbaren. „Den Pfennig finden Sie nicht alleine. Manchmal parken auch Autos darauf." Wir haben Glück: Kein Autofahrer hat es an diesem Tag für nötig befunden, seinen Wagen auf dem Pfennig zu parkieren, und die Gästeführerin entdeckt ihn sofort. „Sehen Sie? Hier ist er!", ruft sie und zeigt auf das kleine Geldstück, das fest im Asphalt eingelassen ist und sich kaum von den Kaugummiresten unterscheidet, die es umgeben. „Die kleinste Münze an dieser ganz bestimmten und für die Wirtschaft so bedeutenden Stelle, umgeben von lauter Banken mit Weltmacht", erklärt sie.

„Fangen wir zunächst einmal mit der Frage an, warum sich Frankfurt eigentlich zur Wirtschaftsmetropole in Deutschland entwickelt hat", schlägt sie vor und sagt: „Das hat ganz klar mit der zentralen Lage zu tun. Dadurch ist sehr früh, etwa ab dem 12. Jahrhundert, eine Messe entstanden. Die Händler kamen aus den verschiedensten Ländern und sie hatten alle ihr eigenes Geld dabei. Während der Zeit des Heiligen Römischen Reichs Deutscher Nation gab es ja in vielen Städten und Regionen eigene Währungen. Und dadurch war das einfach eine Notwendigkeit: Um Geschäfte machen zu können, musste viel Geld gewechselt werden." Aus diesem Wechselgeschäft heraus seien dann die Banken entstanden und natürlich die Börse.

Ein zweiter Entwicklungsschub kam nach dem Zweiten Weltkrieg: „Frankfurt war ja dafür vorgesehen, Bundeshauptstadt zu werden" (siehe Geheimnis 01). Daraus wurde nichts, doch zum Ausgleich siedelte man in der Nachkriegszeit die 1948 von den westlichen Besatzungsmächten gegründete Bank Deutscher Länder hier an, aus der sich letztendlich die Deutsche Bundesbank entwickelte. „Nach dem Krieg gab es ein Gesetz der Alliierten, nach dem große Institute, wie zum Beispiel die Deutsche Bank, keinen zentralen Sitz mehr haben

Anne Katrin Schreiner kniet neben dem Pfennigdenkmal.

durften. Sie wurden zu regionalen Kleinbanken. Ab 1957 wurde das Gesetz wieder aufgehoben und die Großbanken suchten die Nähe zur Bank Deutscher Länder, weshalb alle hierherkamen und Frankfurt zu einer Bankenmetropole wurde", erläutert die Frankfurterin.

Dies zur Geschichte Frankfurts als Wirtschaftsstadt. Nun zu dem kleinen Pfennig im Asphalt, der weniger mit der Geschichte der Banken als mit der Währungsreform und dem Bankenwesen an sich zu tun hat. Aber warum nur ein Pfennig? Wenn es um die Größe der Wirtschaftsmacht geht, müsste dann nicht eher die größtmögliche Münze in den Asphalt eingelassen werden? „Dieses Denkmal hat Vollrad Kutscher geschaffen", sagt Anne Katrin Schreiner. „Er kam in den 70er-Jahren hierher und war ab sofort auch konfrontiert mit der Macht des Geldes." In den 1990er-Jahren habe der Künstler einen Vorschlag für den Namen einer neuen Währung gehabt: Europan. Europa steckt drin, aber auch das Wort Pan, also Brot. „In der Auseinandersetzung mit der Wertigkeit von Geld entstand auch das Pfennig-Denkmal: 2002, als es den Pfennig nicht mehr als gültige Münze gab. Denn ab dem 1. Januar dieses Jahres war die D-Mark und damit auch der Pfennig als Bargeld nicht mehr gültig, es konnte nur noch mit Euros bezahlt werden", sagt die Gästeführerin. Natürlich habe man den Pfennig ganz bewusst gegenüber der Deutschen Bank eingesetzt. Dort geht es nämlich weniger um Pfennige als um Milliarden von Euros, die virtuell um die ganze Welt geschoben werden. Damit bildet er ein Gegenstück zu diesen enormen Summen. Der Pfennig in der Mitte ist von vielen weiteren Pfennigen umgeben, die teilweise nur schlecht erkennbar und sehr abgetreten sind. „Und immer am 1. Januar

Ein kleiner Pfennig im Boden – ein Denkmal!

um 15 Uhr trifft sich der Künstler hier mit Interessierten. Dann wird in eine kleine Mulde um den Pfennig herum Spiritus gefüllt und eine Erinnerungsflamme entzündet. Man zelebriert die kleinste Währungseinheit der damaligen Zeit." Zu Essen gibt es auch etwas, nämlich das Europan, das ist ein Gebäck, welches Vollrad Kutscher zusammen mit der Künstlerin Christine Biehler erfunden hat.

Der Künstler selbst erklärt dazu auf seiner Homepage: „Die Erfindung des Brotes geht der des Geldes voraus. Geld steht zwar zumeist im Mittelpunkt unseres Lebens, aber es ist kein Lebensmittel, man kann es nicht essen!" Geld sei Träger von Symbolen und Teil unserer Kultur, aber in seiner jeweiligen Erscheinungsform vorübergehend. „Das oft unbeachtete, selbstverständliche Brot hingegen hat archaische Wurzeln, die in ihren unterschiedlichsten Formen und Zusammensetzungen, in Riten und Gebräuchen sehr viel tiefer reichen." Durch seine Zusammensetzung sei das Europan ein Symbol für das Zusammenleben und -wirken europäischer Völker. In Vollrad Kutschers Europa-Brot sind viele Bestandteile enthalten, die symbolische Bedeutung haben: „Das Kastanienmehl aus einer der ärmsten Regionen Europas diente schon den Hugenotten als Überlebensmittel", schreibt Vollrad Kutscher. Das Mehl komme aus den Cevennen in Frankreich, aus Griechenland stamme das Orangeat, die Zitronen und Nüsse aus Italien, Spanien und Portugal. Und das Eigelb, Buchweizen, Sirup, Butter, Leinsamen und Zucker beziehe man aus Deutschland, Luxemburg, Belgien, den Niederlanden, Österreich und Irland, das Verpackungspapier aus Finnland, erklärt der Künstler die Zusammensetzung und schließt mit den Worten:

Der Pfennig ist tot – es lebe der Europan!

Eva-Maria Bast

> *„Die kleinste Münze an dieser ganz bestimmten und für die Wirtschaft so bedeutenden Stelle, umgeben von lauter Banken mit Weltmacht."*

....

So geht's zum Pfennigdenkmal:

Es befindet sich gegenüber dem Eingang zur Deutschen Bank in den Taunusanlagen, dort, wo der Gehsteig auf einen kleinen Platz führt.

28

Eingangsgewölbe
Erinnerung an den Nürnberger Hof

Björn Wissenbach steht vor einem Haus in der Braubachstraße. Es fällt in seiner Nachbarschaft aus dem Rahmen, ist
nicht so schön gearbeitet wie die neogotischen, rokoko-typi-
schen und barocken Häuser rechts und links davon. Viel-
mehr wurde es mittels Gleitschalung hochbetoniert, samt dem Erker.
Ein weiterer Stilbruch findet sich in seinem Erdgeschoss: Hier ist das
prächtige spätgotische Gewölbe aus der Zeit um 1410 des Frankfurter
Dombaumeisters Madern Gerthener (um 1360-1430) eingebaut. Wissenbach erklärt: „Es entstammt einem Vorgängerhaus, das abgerissen

werden musste, als eine neue Straße gebaut wurde." Die heutige Braubachstraße wurde erst um 1905 geschaffen und führt in West-Ost-
Richtung mitten durch den ehemaligen „Nürnberger Hof".

„Zur Frühjahrs- und zur Herbstmesse reisten auch schon im Mittelalter die Händler von überall her an. Diejenigen, die aus derselben
Stadt kamen, wie eben die Nürnberger, suchten meist immer dieselben
Messequartiere auf." Und so entwickelten sich die Handelshöfe, die im
alten Reich nichts Ungewöhnliches waren und als Messequartier, Sta-
pellager und Handelsvertretung dienten – so wie der Nürnberger Hof.
In der Freien Reichs- und Messestadt Frankfurt war dieser der größte
seiner Art.

Die Anlage nördlich des Römerbergs war sozusagen ein „privates
Dorf in der Stadt". Dazu gehörten mehrere Häuser rechts und links
der Gasse und ein größerer Platz in der Mitte. An den beiden Enden
der Gasse gab es zwei Tore, die nachts abgesperrt wurden. Das Haupt-
haus, in dem die Besitzer des Hofes wohnten – im frühen 16. Jahrhundert
waren das Jakob Heller und Katharina Melem – war das Steinerne Haus
(siehe Geheimnis 47). Der Nürnberger Hof wurde erstmals 1320
erwähnt und hatte im 15. Jahrhundert seine bedeutendste Zeit. Doch
nicht nur Kaufleute aus Nürnberg
bezogen dort Quartier. Auch der
Maler Albrecht Dürer (1471-1528)
und Kaiser Friedrich III. (1440-
1493) aus dem Hause Habsburg
wohnten hier während ihrer Auf-
enthalte in Frankfurt. Als dessen Sohn und Nachfolger Maximilian I.
(1459-1519) im Jahr 1486 in Frankfurt zum römischen König gewählt
wurde, bot ihm der Nürnberger Hof ausreichend Platz für 95 Pferde.
An diesem historischen Ort wurde außerdem 1585 die Frankfurter
Börse ins Leben gerufen. Und eine Fraktion der Frankfurter Nationalversammlung tagte ab September 1848 ebenfalls hier.

Der größte Teil der Anlage wurde in drei Phasen zerstört: beim
Bau des Straßendurchbruchs Anfang des 20. Jahrhunderts, bei der
Vernichtung der Altstadt 1944 sowie beim „Wiederaufbau" der Altstadt in den Jahren 1952 bis 1955. Übrig blieb die nördliche Zufahrt
zum Innenhof, ein barockes Tor aus der Zeit um 1720 und eben die

> *„Hinter diesem Eingangsgewölbe
> stecken viele Geschichten. Es ist
> ein wertvolles Baudenkmal."*

Björn Wissenbach steht vor dem Gewölbe. Es ist ein Überbleibsel des Nürnberger Hofs.

spätgotische südliche Durchfahrt. Björn Wissenbach weiß: „Hinter diesem Eingangsgewölbe stecken viele Geschichten. Es ist ein wertvolles Baudenkmal."

Und so lohnt es sich, einen Blick in das Gewölbe selbst zu werfen: Die zwei Schlusssteine zeigen das Nürnberger Stadtwappen und den Frankfurter Adler. Außerdem sind Wappen der Patriziergeschlechter angebracht, die in Erbengemeinschaft den Hof besaßen. In der Decke gibt es eine Öffnung, in der kein Schlussstein zu sehen ist: den Gewölbering. Durch diese ringförmige Öffnung konnte man mit Hilfe von Flaschenzügen Waren ins Haus ziehen. Man fuhr mit dem vollbeladenen Wagen in das Gewölbe hinein, befestigte den Haken des Flaschenzugs an den Paketen, gab den Pferden einen Klaps und fuhr weiter. Die Ladung blieb hängen. So lud man die Fuhrwerke ab.

Diese praktischen Funktionen erfüllt das Eingangsgewölbe nicht mehr – dafür ist es ein sehenswertes Zeugnis der Geschichte des Nürnberger Hofs.

Julia Rieß

....

So geht's zum Eingangsgewölbe:

Das Gewölbe befindet sich im Haus Braubachstr. 31, rechts neben dem Steinernen Haus.

Alexander Ruhe wartet auf Rapunzel – vergeblich.

29

Rapunzelgäßchen
Feldsalat in der Kühltruhe Frankfurts

D a kann Alexander Ruhe noch so lange stehen und nach oben blicken: Rapunzel will ihr Haar einfach nicht herunterlassen! Und das, wo doch die Gasse „Rapunzelgäßchen" heißt! Weil sie so märchenhaft ist? Was sonst könnte der Grund für diesen Namen sein, wenn die Hauptfigur in dem Grimm'schen Märchen, Rapunzel, hier gar nicht wohnt? Das, erklärt Ruhe, habe mit Salat zu tun – wie im Märchen auch: „Die Mutter von Rapunzel ist ja mit Rapunzel schwanger. Und schwangere Frauen wollen komische Sachen essen." Die Mutter gelüstet es nach Feldsalat, der werdende Vater soll welchen besorgen. „Er konnte den Salat aber nicht bezahlen, also hat er versucht, ihn in Nachbars Garten zu stehlen." Der gehörte jedoch einer Zauberin, die ihm das Kind nach der Geburt wegnahm – und es, sobald das Mädchen zwölf Jahre alt war, in einen Turm sperrte, den später ein Prinz erklomm, indem er rief: „Rapunzel, Rapunzel, lass dein Haar herunter!"

Dass das Rapunzelgässchen heißt, wie es heißt, hat mit einer alten Markttradition zu tun.

So weit, so bekannt. Aber was hat all das mit dem Rapunzelgäßchen in Frankfurt zu tun? „Auf Hessisch heißt Feldsalat *Rapunzel*", klärt Alexander Ruhe auf. „Die Brüder Grimm, die hier in der Nähe, in Hanau, lebten, kannten den Begriff und benannten ihre Märchenfigur so, weil die Mutter gerne Feldsalat aß. Rapunzel ist nach uns benannt, also durch und durch hessisch." Doch umgekehrt habe man die Gasse keineswegs zu Ehren der Brüder Grimm „Rapunzelgäßchen" genannt. Das habe einen ganz einfachen – und praktischen – Grund: „Auf dem Römer, der sich ja nur hier um die Ecke befindet, fand jahrhundertelang unser Wochenmarkt statt. Und wir in Frankfurt sind ja sehr von der Sonne verwöhnt", erklärt Alexander Ruhe. Gut für's Gemüt, schlecht für verderbliche Waren, die in der Sonne schnell ungenießbar werden. „Die hat man deswegen hier in der Gasse verkauft. Die ist ja so eng, dass hier kaum je Sonne hinkommt. Der Name der Gasse erinnert also an die alte Markttradition – und nicht an eine Frau mit langen Haaren", schmunzelt Alexander Ruhe, der natürlich nie ernsthaft gehofft hat, eine Rapunzel könne hier ihr Haar herunterlassen.

Eva-Maria Bast

So geht's zum Rapunzelgäßchen:

Wenn man vom Römer aus in Richtung Dom über den Markt geht, zweigt das Rapunzelgäßchen rechts ab.

30

Elle

Wo Tuche gemessen wurden

„Ganz schön lang!", stellt Isabel Bergen fest und hält ihre eigene in die Frankfurter Elle. Die Frankfurter Elle, ein verhältnismäßig kurzes Stück Metall, ist am Leinwandhaus angebracht und war, wie die Frankfurterin erklärt, im Mittelalter dazu da, dass die Tuchhändler, die zur Messe nach Frankfurt kamen, ihre Ware nach einem einheitlichen Maß abmessen konnten. „Tuchhändler aus ganz Europa haben hier gemessen, auf der Messe galt das Frankfurter Maß." Die Frankfurter Elle habe 55 Zentimeter, hat die Stadtführerin die Zahlen ganz genau parat. „Diese Elle galt aber nur in Frankfurt und nur für Tuche."

Doch zurück zur Tuchmesse: „Die großen Messen Mitteleuropas finden ja bis heute in Frankfurt statt", erklärt Bergen. „Das war schon im Mittelalter so. Frankfurt als Messestadt hat eine lange Tradition." Durch den Main war die Stadt für den Transport von Waren ausgesprochen verkehrsgünstig gelegen. Doch nicht nur der Wasserweg war vorteilhaft, die Stadt war auch Knotenpunkt bedeutender Fernstraßen, sodass eine gute Anbindung nach Osten, Südosten, dem Balkan und Italien gegeben war. Die erste Messe kam vermutlich bereits im 11. Jahrhundert nach Frankfurt. Wie der Journalist Erich Helmensdorfer in „Frankurt – Metropole am Main" schreibt, machte „Heinrich IV.

Das merkwürdige Metallstück am Leinwandhaus erfüllte früher eine ausgesprochen wichtige Funktion.

schon 1074 den Kaufleuten aus Worms" die Zusage, sie seien vom Zoll befreit, „wenn sie nach Frankfurt reisen (…) Zollbefreiung wurde nur bei regelmäßig stattfindenden Märkten gewährt".

Bekannt und beliebt wurde auch die Frankfurter Herbstmesse, die schon in der Mitte des 13. Jahrhunderts von überregionaler Bedeutung war. Auch Kaiser Friedrich II. (1194-1250) unterstützte sie: Er gewährte 1240 ein Messeprivileg, in dem er allen, die zur dorthin reisten, sein Schutzgeleit gab. Auch seine Nachfolger förderten die Messe: 1330 genehmigte Kaiser Ludwig der Bayer (1282 oder 1286-1347) eine zweite neben der Herbstmesse. Der Rat legte die dritte und vierte Woche vor Ostern als Termin für die Frühjahrsmesse fest. 1337 willigte Ludwig in einen Konkurrenzausschluss ein, in dem er versprach, dass keine anderen Städte (wie zum Beispiel Mainz) Messen bekommen würden, die Frankfurt Konkurrenz machen könnten. Auch der Mainzer

Erzbischof unterstützte Frankfurt und schloss 1385 mit dem Rat der Stadt einen Vertrag über die Sicherung der Straßen, die Frankfurt umgaben. Und schließlich ließ sich Papst Sixtus IV. (1414-1484) im Jahr 1478 sogar noch dazu hinreißen, die Fastengebote für die Messegäste zu lockern. Die heute noch so bedeutende Frankfurter Buchmesse entstand 1485.

„Der Tuchhandel war für Frankfurt ganz wichtig und trug erheblich zum Wohlstand bei.“

Doch nicht nur mit Büchern wurde in Frankfurt gehandelt, sondern auch mit Leder, Juwelen, Silber und Gold. Und eben mit Stoffen, die am Leinwandhaus abgemessen wurden. Auch habe man die Tuche hier gelagert, wenn Messe war, sagt Isabel Bergen. In einer Ratsverordnung vom 21. August 1399 ist dazu zu lesen: „Die rede sin ubirkommen, daz man alle lynwat, garn, flasz und hanff uszwendig der messe in der stede furen sulle und davon messegelt und huszgelt geben, als sich davon geburt." Will heißen: Der Rat hat sich darauf geeinigt, dass man alle Leinwände, Garne, Flachs und Hanf außerhalb der Messe in die Stede fahren und dafür Messegeld und Hausgeld bezahlen solle.

Isabel Bergen unterstreicht: „Der Tuchhandel war für Frankfurt ganz wichtig und trug erheblich zum Wohlstand bei."

Eva-Maria Bast

....

So geht's zur Elle:

Sie hängt an der Fassade des Leinwandhauses, Weckmarkt Nummer 17.

111

Adam

Nackte Männerskulptur sorgt für Empörung

Wenn man die Finger an Adams Hand zählt, merkt man es: Adam hat einen „Finger" zu viel. Und zwar an der Hand, mit der er die Attribute seiner Männlichkeit verdeckt! „Das sieht man auch nur, wenn man ganz genau hinschaut und nachzählt", schmunzelt Verena Röse, „und das tut fast niemand." Zumindest heute.

In der Vergangenheit sah man mehrmals sehr genau hin und war, vor allem in der Biedermeierzeit, empört: Es war doch ganz klar, was dieser sechste Finger an Adams Hand zu bedeuten hatte! „Man fand es schamlos und unpassend für den öffentlichen Raum und hat Adam mit einer Putzschicht teilweise bedeckt", erzählt die Gästeführerin. Sie weiß auch noch mehr zu berichten: „Das Haus, an dem sich die Adamsfigur mit Eva und dem Granatapfel als Zeichen der Fruchtbarkeit befindet, wurde im Jahr 1562 erbaut, in einer Zeit der beginnenden Zuwanderung niederländischer Kaufleute nach Frankfurt. Der Künstler des reichen Schnitzwerkes ist allerdings unbekannt."

Die zweite Welle der Diskussion schwappte in den 1980er-Jahren über Adam hinweg, als die im

In der Biedermeierzeit wurde der heute nackte Adam zugedeckt. Zumindest teilweise.

Verena Röse weiß: Um diese Figur gab es einmal viel Aufregung!

Krieg schwer zerstörte Häuserzeile gegenüber vom Rathaus wiederaufgebaut wurde. „Diese Häuser hier sehen zwar mittelalterlich aus, sind aber erst deutlich nach dem Krieg neu aufgebaut worden, wenn auch sehr authentisch aus Holz, Lehm und Stroh und im gleichen Stil wie die Vorgängerbauten", berichtet Verena Röse von der liebevollen Rekonstruktion. „Als man das Haus 1983 wiederaufgebaut hatte, gingen die Diskussionen um Adam erneut los." Kann man ihn wieder in seiner ganzen Nacktheit darstellen? Mitsamt überflüssigem Finger? „Letztendlich hat man sich für diese Originaldarstellung entschieden", sagt Verena Röse. Und fügt lächelnd hinzu: „Aber so genau sieht wahrscheinlich sowieso selten jemand hin."

„Diese Häuser hier sehen zwar mittelalterlich aus, sind aber erst deutlich nach dem Krieg neu aufgebaut worden, wenn auch sehr authentisch aus Holz, Lehm und Stroh und im gleichen Stil wie die Vorgängerbauten."

Eva-Maria Bast

....

So geht's zu Adam:

Er befindet sich an der Hausecke Rapunzelgäßchen / Markt.

Unscheinbar und kaum zu erkennen: Die Grabplatte hinter dem Zaun. Elisabeth Lücke kennt ihre spannende Geschichte.

32

Grabplatte am Dom

Philipp Bozzini: Entdecker der Endoskopie

„Sehen Sie die Grabplatte an der Dommauer?", fragt Elisabeth Lücke. Ja, man sieht sie, aber sie ist unscheinbar. Man muss näher herangehen, um die lateinische Inschrift lesen zu können. Es ist eine lange Inschrift, die so beginnt:
PIIS. MANIBUS / PHILIPPI. BOZZINI. / MED. DOCTORIS / OUI / NATIONE. GERMANUS / POSTQUAM. OMNIUM. PRIMUS. / INTERNA. VIVI. CORPORIS. CAVA. LUMINE. ARTE. INSINUATO.

Sie erinnert an Philipp Bozzini (1773-1809), einen in Mainz geborenen Frankfurter Arzt, der den Lichtleiter erfand. „Der Lichtleiter war ein Gerät, mit dem man in Körperöffnungen hineinschauen konnte", erklärt die Gästeführerin, „kommt Ihnen das bekannt vor?" In Körperöffnungen hineinschauen – das macht man doch mit einem Endo-skop? Das stimmt. Mit seinem Lichtleiter hatte Bozzini die Endoskopie erfunden. Freilich sah das Gerät damals, Anfang des 19. Jahrhunderts, noch ganz anders aus als ein modernes Endoskop heute.

„Philipp Bozzini hatte ein klares Ziel vor Augen: Er wollte eine Vorrichtung konstruieren, die es ermöglichen sollte, sämtliche Gänge und Körperhöhlen sehen und die inneren Vorgänge im menschlichen Körper beobachten zu können", erklärt Elisabeth Lücke. Was für ein Fortschritt das wäre! „In einen Körper hineinschauen, das war zu der Zeit nur möglich, indem man Tierleichen sezierte. In lebende mensch-liche Körper hineinzusehen, war undenkbar", so Lücke.

Es ging dem Erfinder offenbar nicht nur darum, seine Neugier zu befriedigen. Er prophezeite nämlich: „Der Nutzen des Lichtleiters ist so allge-mein, daß er auf jeden Theil der Heil-kunde mittelbar oder unmittelbar den bedeutendsten Einfluß haben muß." Von Anfang an hatte der Mediziner im Hin-terkopf, dass dank seiner Erfindung Ein-griffe über die natürlichen Körperwege, also endoskopische Operationen, mög-lich werden würden.

Um das Körperinnere betrachten zu können, musste es natürlich auch erhellt werden. Als Lichtquelle diente Bozzini eine Kerze. Deren Licht wurde von einem Hohlspiegel reflektiert und über eine Sammellinse durch die Lichtröhren in die Körperhöhlen eingeleitet. „Daher der Name Lichtleiter", erklärt die Gästefüh-rerin. Neben diesem optischen Teil, der Licht in den Körper leitete, bestand das Gerät aus einem mechanischen Teil: den Sehröhren, die den anatomischen Zugängen des zu untersuchenden Organs, zum Beispiel Speiseröhre oder Nasenrachenraum, angepasst wurden.

Die Grabplatte an Dom.

Die erste Beschreibung seiner Erfindung veröffentlichte Bozzini 1804. Im Jahr 1806 schickte er seinen Lichtleiter an Erzherzog Karl (1754-1806) zur Begutachtung nach Wien. Die Professoren der medizinisch-chirurgischen Josephs-Akademie, die das Instrument prüften, fällten ein vernichtendes Urteil: „bloßes Spielwerk" sei der Lichtleiter. „Vermutlich waren Intrigen gegen Bozzini im Spiel", sagt Elisabeth Lücke. Auch seine Gegenschrift *Ueber die den Gelehrten Oesterreichs und des Auslandes von der medicinischen Facultät zu Wien gemachten Bemerkungen über meinen Lichtleiter*, die am 28. März 1807 im *Allgemeinen Anzeiger der Deutschen* erschien, vermochte nichts auszurichten. Es blieb ihm von da an auch nicht mehr viel Zeit, sein Ansehen zu verbessern – bereits im Jahr 1809 infizierte er sich während einer Epidemie mit dem Typhus-Erreger und starb daran.

> *„Heute gilt Philipp Bozzini als der eigentliche Entdecker der Endoskopie – und was wäre die Medizin ohne diese?"*

Erst 75 Jahre nach seinem frühen Tod entdeckte die Nachwelt seine geniale Erfindung wieder: Der Dresdner Arzt Maximilian Nitze (1848-1906) entwickelte das Endoskop und bezog sich dabei auf Bozzinis Lichtleiter. Elisabeth Lücke fasst zusammen: „Heute gilt Philipp Bozzini als der eigentliche Entdecker der Endoskopie – und was wäre die Medizin ohne diese?"

Auf seinen eigenen Wunsch hin wurde Bozzini am Frankfurter Dom bestattet. Sein Freund Friedrich Sigmund Feyerlein (1773-1813) verfasste die Inschrift der Grabplatte, die an der Domwand angebracht wurde. Das Original des Lichtleiters, das Bozzini 1806 nach Wien verkaufte, ist seit 2002 im Josephinum, dem Institut für Geschichte der Medizin der Medizinischen Universität in Wien, ausgestellt.

Julia Rieß

....

So geht's zur Grabplatte am Dom:

Die Grabplatte befindet sich auf dem Domkirchhof an der nördlichen Außenmauer des Domchors neben dem Eingang zur alten Sakristei.

Dr. Dagmar Wendler zeigt auf einen der Grenzsteine.

33

Grenzsteine

Ohrfeigen und stumme Zeugen

Mitten in Harheim kann man sie plötzlich entdecken: eine Reihe von Steinen auf einem kleinen Stück Wiese. In die Steine sind einzelne Buchstaben eingemeißelt, und sie sind ganz eindeutig alle miteinander behauen. Doch was haben sie für eine Funktion? Dr. Dagmar Wendler weiß es, denn als ehemalige Ortsvorsteherin gehört sie zu jenen, die sich dafür einsetzten, dass die Steine genau dort hingebracht wurden. „Das sind alles Grenzsteine, die an Ort und Stelle nicht mehr gebraucht werden. Wir haben sie eingesammelt und hier sozusagen einen Grenzsteingarten eröffnet", erklärt sie. Eine hervorragende Idee, denn so lässt sich auf wenigen Metern Wiese ein großes Stück Harheimer Geschichte widerspiegeln: All die vielen Grenzsteine künden von den unterschiedlichen Besitzverhältnissen der Gemeinde, von Grenzen zu Nachbarterritorien und von wechselnden Landesherren.

Nehmen wir zum Beispiel die Steine, auf denen *KM* eingemeißelt ist: „Das steht für Kurmainz", erklärt die Historikerin. „Nachdem die Landesherren, die Stolberg-Königstein, ausgestorben waren, fiel Harheim 1581 an Kurmainz." Mit der Säkularisierung von Kurmainz 1803 kam die Gemeinde dann an das Herzogtum Nassau, wofür die Initialen *HN* stehen. Nassau war mit Österreich verbündet und wurde 1866 nach einer Niederlage im Preußisch-Österreichischen Krieg vom Königreich Preußen besetzt. Im Zuge dessen wurde Harheim im Friedensvertrag vom 3. September 1866 an das Großherzogtum Hessen-Darmstadt abgetreten. Das kann man an den Steinen erkennen, in die *GH* für Großherzogtum Hessen eingemeißelt ist. Dagmar Wendler erklärt die Initialen auf den Steinen weiter: *K* stehe für Königreich Preußen, dem das benachbarte Bonames gehörte, *H* für Harheim, *F* für Frankfurt mit dem Ort Nieder-Erlenbach. Und ein *N* mit einer Zahl sei schlicht die Nummer des Steins.

Denn Ordnung musste schon herrschen, schließlich sind Gemeindegrenzen etwas ungemein Bedeutendes. Die Nummern stellten sicher, dass ein Stein nicht einfach so verschwand. Und dann

F (oben) steht für Frankfurt. GH (Mitte) ist die Abkürzung für Großherzogtum Hessen. HN (unten) steht für Herzogtum Nassau. Das H ist jeweils eine Abkürzung für Harheim.

gab es noch die Gefahr, dass Grenzsteine vom Nachbarn ein Stück auf das Gebiet des anderen versetzt und damit das eigene Grundstück vergrößert wurde. Um das zu verhindern, gab es zwei Methoden. Zum einen wurden kleine Metallplaketten, auf denen die Kürzel des Herrschaftsgebiets eingeritzt waren, tief unter dem Stein im Boden vergraben (wobei es, wie Dr. Wendler sagt, in Harheim nicht immer wie üblich Metallplättchen, sondern mitunter Steine mit Einritzungen waren, aus Sparsamkeit). Ein Grundstücksfrevler hätte sich also die Mühe machen müssen, ein riesiges Loch zu graben, um nach dem „Zeugen" zu suchen und diesen dann ebenfalls umzusetzen. Die andere Möglichkeit, Grenzfrevel zu verhindern, waren Grenzbegehungen. „Früher gingen Bürgermeister und Schöffen die Gemarkungsgrenzen ab, um zu schauen, ob die Steine nicht verrückt worden sind", erzählt Dagmar Wendler. „Diese Grenzbegehungen gab es ja in ganz Deutschland, und es gibt die Legende, dass junge Männer zu diesen Grenzbegehungen mitkommen mussten und an Ort und Stelle eine schallende Ohrfeige erhielten, damit sie sich den Standort besser einprägen." Denn an Orte, an denen man ein schmerzhaftes Erlebnis hatte, erinnert man sich leichter.

„Früher gingen Bürgermeister und Schöffen die Gemarkungsgrenzen ab, um zu schauen, ob die Steine nicht verrückt worden sind."

Ohrfeigen gab es später nicht mehr, höchstens von den Eltern, wenn der Sprössling unerlaubt die Grenze übertreten hatte, ins Nachbardorf wanderte und so der angeordnete „aufrechte Pfortengang" missachtet wurde: Sprich, wenn die Kinder über das Gebüsch hinweg ihrem Freiheitsdrang nachgaben, statt wie vorgesehen durch die Pforten zu gehen.

Eva-Maria Bast

....

So geht's zu den Grenzsteinen:

Sie stehen im Stadtteil Harheim „In den Schafgärten".

Ein Mahnmal für verfolgte Homosexuelle.

Narbe am Hals

Ein Engel für Homosexuelle

Der Engel ist wunderschön, wie er da, von Bänken umgeben, auf dem kleinen Platz steht. Doch die Menschen hasten vorbei, kaum jemand nimmt ihn wahr. Geschweige denn, dass jemand den seltsamen, bruchartigen Versatz am Hals des Engels bemerkt und sich fragt, was es damit auf sich hat. Christian Setzepfandt hingegen weiß es genau, und er berührt mit dem Finger vorsichtig eben jene „Narbe" am Engelshals. „Man sieht diesem zarten Wesen an, dass ihm Gewalt angetan worden ist", sagt er. „Als wäre der Kopf mit einer stumpfen Zange abgerissen worden." Der Stadtführer kommt oft zu diesem Engel, dem Frankfurter Mahnmal der Homosexuellenverfolgung. Es wurde 1994 aufgestellt als erstes deutsches Denkmal zur Geschichte der im Dritten Reich ermordeten Homosexuellen. Obwohl dem Urfrankfurter die Geschichte der

schwulen und lesbischen Männer und Frauen in Deutschland sehr bewusst ist, wird sie ihm hier ganz besonders deutlich.

Geschaffen hat den Engel die Künstlerin Rosemarie Trockel. Als Vorlage diente ihr der heute nicht mehr im Original erhaltene Engel mit Schriftband am Kölner Dom. „Das war ein Engel, an dem das Leben schon Spuren hinterlassen hatte", sagt Setzepfandt. „Die Flügelspitzen fehlten und auch das Schriftband war nur noch teilweise erhalten. Um die Wirkung des verletzten, zarten Wesens noch zu verstärken, schlug sie dem Engel den Kopf ab und brachte ihn leicht versetzt wieder an."

Christian Setzepfandt hält die Hand des Frankfurter Engels.

Am Hals ist diese Verletzung nun sichtbar. Stellvertretend für die Gräuel, die rund 30.000 homosexuelle Männer und 200 Frauen im Dritten Reich erleiden mussten. Für all jene, die bespuckt, geschlagen, gefoltert und ermordet worden sind.

Als der Engel enthüllt wurde, sei oft die Frage gestellt worden, warum man das Denkmal so spät aufgestellt habe, sagt Setzepfandt. „Das liegt daran, dass die Homosexuellenverfolgung nach der Nazizeit noch lange nicht vorbei war." Noch viele Jahrzehnte seien Homosexuelle verfolgt worden und hätten sogar als „schwere Gefahr" gegolten. „Erst 1969 trat eine kleine Besserung ein, als der Paragraf 175 abgewandelt wurde."

Christian Setzepfandt streicht wieder über die Narbe am Hals des Engels. Als Zeichen des Mitgefühls für all jene, die Menschen gleichen Geschlechts liebten. Und dafür verfolgt oder sogar ermordet wurden.

Eva-Maria Bast

....

So geht's zum Engel mit der Narbe am Hals:

Er steht auf dem Klaus-Mann-Platz, die Schäfergasse führt daran vorbei.

Steine, die einst die Stadt beschützten: Überreste
der Frankfurter Staufenmauer.

35

Drei Steine

Wo sich die Neustadt von der Altstadt trennt

S ören Appuhn deutet auf die Westwand des Turmes der gotischen Liebfrauenkirche, genauer gesagt auf drei alte Steine,
die oberhalb eines Wandbrunnens aus der Mauer herausra-
gen: „Das sind Überbleibsel der Staufenmauer aus dem 12.
Jahrhundert." Der Kirchturm gehörte ursprünglich zur Stadtbefestigung. „Der Liebfrauenberg, auf dem die Kirche steht, war im Mittelalter einer der bedeutendsten Plätze in der Altstadt – und er gehört
immer noch für viele zu den schönsten Orten", sagt Sören Appuhn.
Liegt er heute recht zentral, befand er sich damals eher an der Periphe-
rie der Stadt – direkt angrenzend an die Stadtmauer. Mit der vom 14.
bis zum 16. Jahrhundert erbauten Kirche und ihrem Turm „überleb-
ten" die drei Steine den Abriss der Staufenmauer – sie blieben in der
Wand stecken. „Bis hierhin ging Frankfurt", stellt Gästeführer Appuhn
fest, „wo die Steine sind, trennt sich die Altstadt von der Neustadt."

Die Grenze zwischen Neu- und Altstadt verschwimme heutzutage oft in der Wahrnehmung, sagt der Frankfurter, aber damals sei die Sache klar gewesen: Die etwa sieben Meter hohe und zwei bis drei Meter dicke Mauer aus Bruchsteinen, die vom 12. bis zum 16. Jahrhundert die Stadt befestigte, verlief entlang den heutigen Straßenzügen Großer Hirschgraben, Holzgraben und Fahrgasse / An der Staufenmauer. An der Außenseite der Stadtmauer befand sich ein trockener Graben. Drei Tore verbanden Frankfurt mit der Außenwelt: die Mainzer Pforte am westlichen Ende der Weißfrauengasse, die Bockenheimer Pforte (später Katharinenpforte genannt) zwischen Holz- und Hirschgraben und die Bornheimer Pforte am nördlichsten Punkt der Fahrgasse. Frankfurt war übrigens immer eine wehrhafte Stadt. Seit der Karolingerzeit schützte sie sich mit Mauern und Gräben. Im 9. Jahrhundert bildete die Pfalz rund um den Domhügel die erste Befestigungsmauer. Unter den Staufern (1138-1254) wurde um 1180 die gleichnamige Mauer errichtet. Von ihr ist außer

Sören Appuhn kennt die große Geschichte hinter den kleinen Mauerresten.

den drei Steinen ein Mauerabschnitt entlang der Töngesgasse und Fahrgasse erhalten, der erst nach den Luftangriffen 1944 zum Vorschein kam. Und im 14. Jahrhundert wurden die massiven Grenzen und Gräben weiter gezogen: Den Frankfurtern war es innerhalb ihrer Staufenmauer zu eng geworden. 1333 erhielt die Stadt von Kaiser Ludwig dem Bayer (1281/82-1347) die Erlaubnis zur Erweiterung. Die Siedlung breitete sich nun aus. Und ab 1343 begannen die Frankfurter, die hinzugewonnene Neustadt mit einem zusätzlichen Mauerring mit fünf

Stadttoren und einem acht bis zehn Meter breiten Wassergraben zu umziehen. Es dauerte bis Anfang oder Mitte des 15. Jahrhunderts, bis die neue Mauer, die nunmehr die heutige Neustadt einbezog, fertig wurde. Danach verging mehr als ein Jahrhundert, bis die alte Staufenmauer endgültig abgerissen und der Graben Richtung Neustadt zugeschüttet wurde. „Die Stadt hatte also lange Zeit innerhalb der Stadtmauer noch die alte Staufenmauer. Und genau hier finden wir den Ursprung des Namens der Frankfurter Zeil", macht Sören Appuhn neugierig. Was hat der Name der Zeil mit der Staufenmauer zu tun?

„Mit der Stadterweiterung um die Neustadt fing man natürlich an, neue Straßen anzulegen und Häuser zu bauen", erklärt der Gästeführer. Die Straße, die direkt an die Staufenmauer angrenzte, war aber nur auf der Nordseite bebaubar – auf der Südseite befand sich schließlich noch der Graben der Staufenmauer. Darum bekam die Straße zunächst nur eine Häuserzeile – und den Namen „Zeil". Erst ab 1582 wurde die Staufenmauer nach und nach geschleift, also abgetragen. Sören Appuhn: „Als der Graben zugeschüttet war, konnte man auch auf dieser Seite bauen und hatte dann zwei Häuserzeilen, aber es blieb bei dem Namen *Zeil*."

Anhand der drei unspektakulär erscheinenden, aber merkwürdigen Steine kann man also viel über die Stadtentwicklung Frankfurts erzählen. „Und nicht nur das", sagt Sören Appuhn, „sie erinnern uns daran, dass einst meterdicke Mauern, tiefe Gräben und schwere Geschütze nötig waren."

Dies allerdings, um die Stadt vor Angriffen zu bewahren, nicht nur um die Stadtgrenzen zu markieren. Dafür reicht heute in der Regel ein kleines, gelbes Straßenschild.

Julia Rieß

....

So geht's zu den drei Steinen:

Wenn man von der Liebfrauengasse aus auf die Westwand der Kirche blickt, kann man die Steine oberhalb des Wandbrunnens sehen.

36

Domturm

Den Brand per Telegramm gemeldet

Was für eine Aussicht! Hoch oben auf dem Domturm, auch Pfarrturm genannt, lässt es sich bestimmt ganz gut aushalten! Doch ob derjenige, der dort wohnte, einen Blick für die schöne Sicht übrig hatte? Schließlich war dieser mit einer großen Verantwortung verbunden! „Frankfurt war eine Fachwerkaltstadt, die größte und schönste, die es in Deutschland gegeben hat. Alles war aus Holz, Lehm und Stroh gebaut. Das heißt, der Feuerwachdienst war sehr wesentlich. Deshalb waren viele Türme der Stadt und der Kirchen mit Türmern besetzt. Und natürlich auch der höchste Turm der Stadt – der Domturm", erläutert Gästeführer Alexander Ruhe die Bedeutung des Turms für die Sicherheit der Stadt.

Der Türmer, der dort oben seinen Dienst tat, musste nach Feuer oder einem nahenden Feind Ausschau halten und die Bevölkerung, wenn er entsprechende Beobachtungen machte, durch Trompetensignale warnen. Hinzu kam nachts eine Laterne, mit der er der Feuerwehr unten am Boden die Richtung des Brandes wies, tagsüber hatte eine rote Fahne die gleiche Aufgabe zu erfüllen. Ein erster Türmer wird in Frankfurt 1443 als „Thornhüter uff dem Pfarrthorn" erwähnt. Dem Feuerwehrgeschichts- und Museumsverein Frankfurt am Main e.V. zufolge gab es auf dem Turm der St.-Nikolaikirche, „wohl auch schon vor 1435 zumindest sporadisch" Türmer, ab 1460 seien die Türme dann „stetig mit Tag- und Nachtwachen besetzt" gewesen – bis ins Jahr 1843. Und auch auf der Katharinenkirche tat „seit der Fertigstellung der Kirche im Jahr 1681" ein Türmer seinen Dienst. Nach 1843 waren Türmer noch auf dem Dom-, dem Katharinenturm und dem Eschenheimer Turm zu finden.

„Zur Frankfurter Feuerwehr gehörte im Mittelalter jeder erwachsene Mann, jeder Bürger Frankfurts", erzählt Ruhe. „Jeder Mann hatte zwei Ledereimer zu Hause, und wenn er das Sturmläuten hörte, hat er

Wohl einst der höchste Wohnsitz Frankfurts: der Domturm.

sich mit seinen Eimern in die Menschenkette eingereiht, die vom nächstgelegenen Brunnen zu dem brennenden Haus führte." Ganz so einfach, wie das klingt, war die Brandbekämpfung aber keineswegs. In einem sehr ausführlichen Bericht des Feuerwehrgeschichts- und Museumsvereins Frankfurt am Main heißt es: „Immer wieder wird aber beklagt, dass die ‚Feuerlöschanstalten' anderswo militärisch organisiert seien und gut funktionieren, in Frankfurt aber eine ‚Feuer-Unordnung' herrsche – der Begriff findet sich in den ‚Frankfurter Jahrbüchern' im Jahr 1832. Die Verwaltung beschließt zwar immer neue Feuerordnungen, Neuorganisationen des Löschwesens und neue Dienstordnungen für das Löschbataillon, aber zu einer großen Schlagkraft bei der Brandbekämpfung führt das alles nicht." Ruhe ergänzt: „Frankfurt war damals ja die modernste Stadt Deutschlands. Da konnte es nicht angehen, dass ein ausgebrochenes Feuer durch Laternen und Fahnen gemeldet wurde. Man hatte die Idee, die Brände mittels eines Telegrafen zu melden."

„Jeder Mann hatte zwei Ledereimer zu Hause, und wenn er das Sturmläuten hörte, hat er sich mit seinen Eimern in die Menschenkette eingereiht, die vom nächstgelegenen Brunnen zu dem brennenden Haus führte."

Einen solchen Feuertelegrafen gab der Magistrat 1861 in Auftrag, im Sommer 1867 wurde er in Betrieb genommen. „Über eine unterirdisch verlegte Leitung sind zwei baugleiche Apparate auf dem Domturm und im Wachtlokal der Brandwache miteinander verbunden. Über einen Wecker können sich die Beobachter gegenseitig anrufen. Geber- und Empfängerstation haben 120 Felder, die die Namen der wichtigsten Straßen und Plätze tragen. Bei Alarm steckt der Türmer einen Stift in die Bohrung des in Frage kommenden Feldes. Nun rückt ein Zeiger Skalenteil für Skalenteil vor, der Zeiger des Empfängers läuft impulsgesteuert synchron mit", erklärt der Feuerwehrgeschichts- und Museumsverein die Funktion ganz genau. „Der Telegraph war auch durchaus erfolgreich. Den ersten Brand meldete er ganz problemlos", sagt Alexander Ruhe und kann sich – trotz der Tragik der Geschichte – ein Schmunzeln nicht verkneifen. „Der erste Brand war ausgerechnet der Brand des Domturms am 15. August 1867. Dabei wurde der Telegraph auch gleich wieder zerstört."

Die Umstände dieses Brandes sind denkwürdig, und dies in mehrfacher Hinsicht: Das Feuer war in der nahegelegenen Fahrgasse ausgebrochen und „durch starken Ostwind nachts um 2 Uhr auf das Domdach geweht worden. Die Feuerwehr ist machtlos", schreibt Erich Helmensdorfer in seiner Frankfurt-Monografie. Der Dom, in dem so viele deutsche Kaiser gewählt und ab 1562 auch gekrönt worden waren, brannte aus. Tags darauf kam, wie geplant, der preußische König Wilhelm I. zum ersten Mal zu Besuch nach Frankfurt – ehemals freie Reichsstadt, jetzt preußische Provinzstadt, nachdem es im vorangegangenen Sommer von Preußen annektiert worden war. Dieser preußische König ließ sich wenig später, im Januar 1871, auch zum Kaiser ausrufen – allerdings nicht in Frankfurt, sondern in Versailles, Frankreich.

Alexander Ruhe weiß, wie wechselvoll die Geschichte der Frankfurter Feuerwehr war.

Doch die Frankfurter waren überzeugt von ihrem Telegraphen und installierten 1868 einen weiteren Apparat – diesmal allerdings auf der Katharinenkirche. Und die Modernisierung des Feuerwehrwesens ging noch weiter: „Die Baudeputation richtet am 19. Juni 1872 einen Antrag an den Magistrat, daß jedermann in die Lage versetzt werden soll, durch ‚schleunige Hülfe' beizutragen, ‚einen ausbrechenden Brand im Keim unterdrücken zu können'", schreibt der Feuerwehrgeschichts- und Museumsverein in seiner „Museums-Depesche". Und weiter: „Man schlägt ‚automatische Feuermelder' vor, die für eine ‚in steter Entwicklung und Erweiterung begriffenen Stadt wie Frankfurt' erforderlich seien." Ziel war, dass jeder Bürger einen der automatischen Feuermelder innerhalb von 500 Metern erreichen kann. Die Feuermelder gaben dann an die Hauptwache Meldung.

Mit der Gründung der Berufsfeuerwehr im Jahr 1874 wurde das Feuerwehrwesen weiter professionalisiert. Das „Anzeigenblatt der städtischen Behörden" schreibt: „Die Feuerwehr-Mannschaft, welche zur rascheren Hülfeleistung mit Wagen nach der Brandstelle befördert wird, kann also unverzüglich nach der Gegend ausrücken, von der das Nothsignal gegeben worden ist, und hat der Hülfesuchende nur bei der benutzten Feuermeldestelle die Ankunft der Feuerwehr, die in den meisten Fällen schon nach einigen Minuten erfolgen wird, zu erwarten, um derselben die Brandstelle zu bezeichnen."

„Der erste Brand war ausgerechnet der Brand des Domturms am 15. August 1867. Dabei wurde der Telegraph auch gleich wieder zerstört."

All das kam einem schleichenden Ende des Türmerberufs gleich: „Am 4. Oktober 1899 ergeht eine Mitteilung des Magistrats, dass die bisherige ‚Feuerwache' auf dem Pfarrturm aufgelöst wird und nur eine Turmwächterstelle auf dem Dom verbleibt", schreibt der Feuerwehrgeschichts- und Museumsverein.

Der letzte Frankfurter Türmer war Johannes Rüb. Während er auf die Stadt hinabblickte, hat er bestimmt so manches Mal über das Feuerwehrwesen in Frankfurt nachgedacht. Und wie sehr es sich im Laufe der Jahrhunderte verändert hat!

Eva-Maria Bast

So geht's zum Domturm:

Der Domturm steht am Weckmarkt. Sehen kann man ihn allerdings von vielen Stellen der Stadt aus.

Diese Inschrift hat mit Goethe zu tun.
Aber was?

37

Inschrift

Ein Geburtstagsgeschenk für Goethe

ΠΛΕΩΝ ΕΠΙ ΟΙΝΟΠΑ ΠΟΝΤΟΝ ΕΠ ΑΛΛΟΘΡΟΟΥΣ ΑΝΘΡΩΠΟΥΣ. Alles klar? Nein? Keine Sorge! Das geht vielen so, die den Eisernen Steg passieren und die altgriechische Inschrift entdecken, die groß und auffallend darüber hängt. Auch Stadtführerin Stefanie Reimann hat sich gewundert und recherchiert, was es mit der geheimnisvollen Inschrift auf sich hat. „Das ist eine Inschrift zu Goethes Geburtstagsfeier", sagt sie. „Wir sind ja in Goethes Geburtsstadt, und da sind wir stolz drauf. Als 1999 sein 250. Geburtstag war, wurde groß gefeiert. Es gab einen Empfang im Rathaus und ein Festbankett. Und es gab eben auch etliche Kunstwerke zu seinen Ehren. Inzwischen sind viele verschwunden, aber dieses hier, das ist erhalten geblieben." Geschaffen hat das Werk der Künstler Hagen Bonifer. „Seine Idee war es, einen Vers aus der Odyssee von Homer zu nehmen. Das ist der Erste Gesang, Vers 183." Stefanie Reimann hat sich auch die Mühe gemacht, den Vers zu übersetzen: „Das heißt so viel wie: Auf weinfarbenem Meer hinsegelnd zu anderssprachigen Menschen." Für die Frankfurterin ist die Botschaft klar: „Goethe war ja viel auf Reisen, hat sich mit anderen Kulturen befasst und selbst Latein und Altgriechisch gelernt." Goethe selbst sagte es so: „Man reist ja nicht, um anzukommen, sondern um zu reisen."

Johann Wolfgang Goethe (1749-1832) kam am 28. August 1749 als dritter Enkel des damaligen Stadtschultheißen Johann Wolfgang Textor (1693-1771) am Großen Hirschgraben in Frankfurt „mit dem Glockenschlage zwölf" zur Welt. Sein Vater, der promovierte Jurist und Kaiserliche Rat Johann Caspar Goethe (1710-1782), ließ die beiden Fachwerkhäuser seiner Mutter umgestalten. Hier verbrachte Goethe mit seinem Vater, seiner Mutter Catharina Elisabeth und seiner Schwester Cornelia seine Kindheit, von der Stefanie Reimann sagt, sie sei sehr behütet gewesen, und seine Jugend. Als er während seines Jurastudiums in Leipzig erkrankte, kehrte er noch einmal für zwei Jahre nach Frankfurt zurück. „Frankfurt hat Goethe ja auch zu vielen Werken inspiriert", sagt Reimann. „Der Osterspaziergang in Faust spielt ebenso in Frankfurt wie die Gretchenhandlung und der Kindsmord" (siehe Geheimnis 43). Dennoch habe er zu seiner

Stefanie Reimann hat die Inschrift auf dem Schild über der Brücke entziffert.

Geburtsstadt ein durchaus ambivalentes Verhältnis gehabt: „Zum einen liebte er Frankfurt und äußerte sich später sehr positiv über die Stadt", erzählt die Stadtführerin. „Zum anderen hat er den hier lebenden Menschen vorgeworfen, nur an Geld und Handel interessiert zu sein, was ja nicht unberechtigt war."

Über die Brücke, über der die Inschrift hängt, konnte Goethe aber nicht schreiten, denn die gab es damals noch nicht. Man musste die Alte Brücke benutzen oder sich mit einem Kahn übersetzen lassen. Hätte es den Steg damals schon gegeben, der Dichter hätte sich bestimmt darüber gefreut und eifrig davon Gebrauch gemacht. Zumindest die „große Mainbrücke" liebte er, wie er in seinem autobiografischen Werk „Dichtung und Wahrheit" im ersten Teil, erstes Buch, schreibt: „Am liebsten spazierte ich auf der großen Mainbrücke. Ihre Länge, ihre Festigkeit, ihr gutes Aussehen machte sie zu einem bemerkenswerten Bauwerk; auch ist es aus früherer Zeit beinahe das einzige Denkmal jener Vorsorge, welche die weltliche Obrigkeit ihren Bürgern schuldig ist. Der schöne Fluß auf- und abwärts zog meine Blicke nach sich; und wenn auf dem Brückenkreuz der goldene Hahn im Sonnenschein glänzte, so war es mir immer eine erfreuliche Empfindung. Gewöhnlich ward alsdann durch Sachsenhausen spaziert und die Überfahrt für einen Kreuzer gar behaglich genossen."

„Den Spruch zu seinen Ehren hätte Goethe vermutlich auch gut gefunden", überlegt Stefanie Reimann. „Und er hätte sich darüber gefreut, wie passend er hier ist. Denn das Tolle ist ja: Dieser Spruch verweist auf anderssprachige Menschen. Und wir Frankfurter müssen gar nicht weit reisen, um diese anderssprachigen Menschen zu treffen, weil die alle nach Frankfurt kommen. Wir sind die internationalste Stadt Deutschlands." Und gerade der Eiserne Steg sei ein beliebter Treffpunkt für Leute aus aller Welt.

Um es wieder mit Goethe zu sagen: „In einer Stadt wie Frankfurt befindet man sich in einer wunderlichen Lage; immer sich kreuzende Fremde deuten nach allen Weltgegenden hin und erwecken Reiselust."

Eva-Maria Bast

....
So geht's zur Inschrift:

Sie hängt über dem Eisernen Steg. Dieser verbindet den Mainkai mit dem Schaumainkai. Wenn man vom Römer in Richtung Main geht, kommt man direkt darauf zu.

Löwe

Voltaire, Mozart und die Politik

W as ist es einsam um ihn geworden! Ganz allein und von kaum jemandem beachtet, steht der König der Tiere über einem Hauseingang. Könnten sich steinerne Tiere freuen, der Löwe würde sicherlich jedes Mal in Begeisterungsgebrüll ausbrechen, wenn Frank Seibold des Wegs kommt. Der beachtet ihn nämlich nicht nur, er kennt auch seine Geschichte. Und die geht so: „Der Löwe ist das letzte Überbleibsel des Gasthauses *Zum Goldenen Löwen*", erklärt er. Um ein echtes Traditionsgasthaus habe es sich dabei gehandelt, es bestand von 1598 bis 1937. „Und dieses Gasthaus lag einst an einer der meistbefahrenen Straßen Frankfurts." Diese „Fahrgasse" aus dem 12. Jahrhundert sei für die Stadt enorm wichtig gewesen: „Sie war ein Nadelöhr für alle Fuhrwerke, die von Norden nach Süden oder von Süden nach Norden wollten. Denn in Frankfurt gab es nur eine Brücke, die Alte Brücke, die die Reisenden zu Fuß, zu Pferd oder mit den Kutschen überqueren mussten." Entlang der Fahrgasse hätten sich viele Gasthöfe etabliert, erzählt der Frankfurter. Und einer davon war eben das Gasthaus Zum goldenen Löwen.

Namhafte Persönlichkeiten, wie zum Beispiel der französische Philosoph und Schriftsteller Voltaire (1694-1778), seien dort abgestiegen, wobei „abgestiegen" bei Voltaire nicht der richtige Ausdruck ist: Voltaire blieb nicht freiwillig, sondern wurde verhaftet: Auf Einladung Friedrichs des Großen (1712-1786) war er im Sommer 1750 an dessen Hof in Schloss Sanssouci bei Potsdam gekommen und dort zum Königlichen Kammerherrn ernannt worden. Doch der preußische König und sein Kammerherr überwarfen sich rasch – aus verschiedenen Gründen, einer war ein unerlaubter Wertpapierhandel, ein weiterer, dass Voltaire sich mit anderen Mitgliedern des Hofes ständig stritt oder sie denunzierte – Voltaire wurde schließlich „in Unehren" entlassen. Und nun kommt Frankfurt ins Spiel: Hier kam

Frank Seibold schenkt dem Löwen immer einen Blick,
wenn er an ihm vorbeikommt.

er am 31. Mai 1753 an, um Station zu machen, und wurde im Gasthaus zum Goldenen Löwen eingesperrt. Der Grund: Er wollte ein
Buch mit Gedichten herausgeben. „Bei dem Gedichtband handelte
es sich um die *Oeuvres du Philosophe de Sanssoucis,* einen nur für
die Freunde des Königs in der Hofdruckerei hergestellten Band, der
vorwiegend poetische Versuche Friedrichs enthielt." Und der
„wünschte nicht, dass diese Produkte seiner Muse durch Voltaire
im Ausland bekannt würden", erläutert der Autor Georg Holmsten
die Bedeutung des Büchleins in seiner Biografie Friedrichs II.. Voltaire
hatte das Bändchen jedoch nicht bei sich, es befand sich bei seinem
Gepäck, das per Post transportiert wurde. Nach dramatischen Vorfällen
und Verwicklungen durfte er schließlich nach Auslieferung des Buchs
am 7. Juli 1753 weiterreisen, konnte aber die „erlittene Unbill" nicht
verwinden, wie Sabine Hock in ihrem Artikel „Voltaire verhaftet man
nicht" schreibt.

In wesentlich angenehmerer Erinnerung dürften Leopold
Mozart (1719-1787) und seine beiden Kinder Nannerl (1751-1829)
und Wolfgang Amadeus (1756-1791) den Goldenen Löwen haben. „Leopold Mozart wollte ja, dass seine beiden Kinder Karriere machen, und führte sie an den Höfen Europas vor. Fast drei Jahre lang war er mit ihnen auf einer *Grand Tour* durch Deutschland, Belgien, die Niederlande, England und Frankreich." Dabei kamen sie zehn Jahre nach Voltaire im August 1763 auch durch Frankfurt und logierten (im Gegen-

Unter den Augen dieses Löwen schritt schon manch bedeutende Persönlichkeit ins Haus hinein.

satz zu Voltaire freiwillig) im Goldenen Löwen. „Ein wenig Mühe
hatte der Vater hier in Frankfurt schon", sagt der Gästeführer. „Denn
der gute Ruf seines Sohnes ist ihm nicht vorausgeeilt." Dennoch habe

er vier Konzerte in Frankfurt organisiert bekommen. „In seinen Memoiren hat Leopold zum Ausdruck gebracht, was für eine erstaunliche Stadt Frankfurt für ihn war", merkt der Stadtführer an. „Es war ja eine Stadt, in der er mit seinen Kindern nicht bei den gekrönten Häuptern vorstellig werden musste. Frankfurt war eine freie Stadt. Das heißt, es gab hier keinen Souverän mit einer Krone." Das Staatsoberhaupt war der „Ältere Bürgermeister". So war auch die Zuhörerschaft eine andere als an den Adelshöfen: „Bei ihnen handelt es sich nicht so sehr um Musikliebhaber als um Leute, die ein Spektakel sehen wollen", schreibt Jean-Jacques Greif in seiner Mozartbiografie. Doch Frank Seibold hat auch eine sehr denkwürdige Begegnung recherchiert, die sich auf der Konzertreise ereignete: „Mozart hat hier noch einen anderen Superstar der deutschen Geschichte getroffen." Er begegnete Goethe. „Der junge Johann Wolfgang hat das Konzert mit seinem Vater besucht. Die Goethes waren ja sehr kulturinteressiert." Johann Wolfgang von Goethe (1749-1832) habe das Erlebnis in seinen Memoiren festgehalten – in *Dichtung und Wahrheit.* „Er war sehr beeindruckt von den beiden Kindern, merkte aber an, dass der Eintritt ein bisschen teuer sei", sagt Seibold.

„Mozart hat hier noch einen anderen Superstar der deutschen Geschichte getroffen. Er begegnete Goethe. Der junge Johann Wolfgang hat das Konzert mit seinem Vater besucht. Die Goethes waren ja sehr kulturinteressiert."

Doch um das Gasthaus zum Goldenen Löwen spinnt sich noch eine andere sehr spannende Geschichte – die ereignet sich allerdings erst, als es schon nicht mehr „Goldener Löwe" heißt: Im Jahr 1839 habe es einen Besitzerwechsel gegeben, berichtet Frank Seibold. „Der neue Besitzer hat das Gasthaus *Württemberger Hof* genannt." Und der sollte sogar in die deutsche Geschichte eingehen und zur Zeit der in Frankfurt in der Paulskirche tagenden Nationalversammlung (1848/49) eine Rolle spielen.

„Die Abgeordneten haben sich natürlich nicht nur tagsüber, sondern auch abends getroffen. Und zwar mit den Menschen, die ihre politische Gesinnung geteilt haben, und in den Gasthöfen, wo sie wohnten. So ist der Württemberger Hof als Treffpunkt der linken

Liberalen vor allem aus den Mittel- und Kleinstaaten mit der im Juni 1848 gegründeten Württemberger-Hof-Fraktion in die deutschen Geschichtsbücher eingegangen," sagt Frank Seibold und erläutert: „Der Name mag uns heute vielleicht ein bisschen merkwürdig erscheinen, damals war er aber ganz normal. Es gab auch eine Nürnberger-Hof-Fraktion. Und eine Café-Melani-Fraktion." Das Ziel der Mitglieder des „Württemberger Hofs" war eine starke Volksvertretung mit einem nicht auf Selbständige begrenzten, sondern allgemeinen Wahlrecht und einer parlamentarischen, also vom Parlament abhängigen, monarchischen Regierung.

„Die Abgeordneten haben sich natürlich nicht nur tagsüber, sondern auch abends getroffen. Und zwar mit den Menschen, die ihre politische Gesinnung geteilt haben, und in den Gasthöfen, wo sie wohnten."

Zusammen mit den Mitgliedern der Westendhall stellten sie 19 Prozent der Abgeordneten, nachdem sich im September 1848 ein Flügel abgespalten hatte und nun zur Fraktion „Augsburger Hof" mit elf Prozent wurde.

Die Frankfurter Nationalversammlung tagte als Folge der Märzrevolution von Mai 1848 bis Mai 1849 in der Paulskirche und hatte die Aufgabe, eine Verfassung für einen zu gründenden deutschen Bundesstaat zu erarbeiten. Am 28. Juni 1848 erließ die Nationalversammlung das Zentralgewaltgesetz, womit eine vorläufige deutsche Regierung gebildet war. Allerdings musste nicht nur eine Verfassung ausgearbeitet, sondern gleichzeitig auch entschieden werden, welche Gebiete zu dem zu gründenden Staat gehören sollten, und damit einhergehend, ob dessen Führungsmacht Preußen in einem kleindeutschen oder Österreich in einem großdeutschen Staat sein sollte. Doch erkannten nicht alle Beteiligten die Verfassung an: Preußen und Österreich verweigerten sie ebenso wie die Staaten Bayern, Sachsen und Hannover. Nun entschieden sich die Abgeordneten für die kleindeutsche Lösung und wählten den preußischen König zum Kaiser der Deutschen, was dieser jedoch ablehnte. Die wieder erstarkten Herrscher mehrerer Staaten zogen ihre Abgeordneten aus Frankfurt ab und stellten sich entschieden gegen die Revolution, andere Abgeordnete legten ihre Mandate nieder. Die Nationalversammlung endete letztlich damit, dass die verbliebenen Abgeordneten nach Stuttgart fliehen mussten, dort aber als „Rumpfparlament" am 18. Juni 1849 mit militärischer Gewalt auseinandergetrieben wurden.

Nun schritten keine eifrig diskutierenden Abgeordneten mehr unter dem Löwen hindurch. Zudem wurde der Gasthof 1937 im Zuge der Sanierung des mittelalterlichen Stadtviertels abgebrochen. Doch der Löwe überstand den Abriss und wurde über dem Hauseingang eines Nachfolgebaus angebracht. Und immer wenn Frank Seibold ihn betrachtet, sieht er vor seinem inneren Auge Leopold Mozart, wie er mit seinen Kindern an der Hand unter den Blicken des Löwen das Haus verlässt.

„So ist der Württemberger Hof als Treffpunkt der linken Liberalen vor allem aus den Mittel- und Kleinstaaten mit der im Juni 1848 gegründeten Württemberger-Hof-Fraktion in die deutschen Geschichtsbücher eingegangen."

Eva-Maria Bast

So geht's zum Löwen:

Er befindet sich über dem Eingang des Gebäudes Fahrgasse 27.

39

Genervter Joseph
Ein Mönch macht sich Gedanken

Bruder Christophorus stand hier schon oft und hat sich gefragt, welche Laus dem heiligen Joseph da eigentlich über die Leber gelaufen ist. Schließlich ist er doch gerade Vater geworden! Und im Stall sitzt Maria mit dem Jesuskind, die Heiligen Drei Könige sind auch da und überschütten das Neugeborene mit Geschenken. Warum also steht Joseph draußen an der Stallwand, mit verschränkten Armen, und blickt – ja – genervt aus dem Bild heraus?

Zu sehen ist all das auf dem Dreikönigstympanon aus dem 15. Jahrhundert in der Taufkapelle der Liebfrauenkirche, auf dem die Verkündigung an die Hirten, der Ritt der Heiligen Drei Könige und die Anbetungsszene gezeigt werden. Das Tympanon, die Schmuckfläche über dem Portal, ist aus Stein gehauen, bemalt sowie an einigen Stellen vergoldet. Der dargestellte Joseph, sagt der Mönch, rühre ihn immer wieder an. Eine eindeutige theologische Erklärung für die Darstellung gebe es nicht, aber viele Ansätze: In der Kunstgeschichte finden sich immer wieder Abbildungen, in denen Joseph am Rande des Geschehens grübelnd oder gar zweifelnd gezeigt wird. „Diese Darstellung hier ist aber wirklich ziemlich krass", findet der Mönch, der sich über das Tympanon aus der Werkstatt Madern Gertheners viele Gedanken gemacht hat. „Ich glaube, Joseph wird als ganz normaler Vater dargestellt, dem gerade ein Sohn geschenkt wurde und der nun mit seiner Frau und seinem Kind eine Zeit der Stille verbringen will. Aber die wird ihm verwehrt, ständig kommt Besuch, alle wollen sein Kind sehen. Er versteht den ganzen Rummel nicht, und weil es ihm zu viel wird, zieht er sich zurück."

„Diese Darstellung hier ist aber wirklich ziemlich krass."

Eine andere These: Joseph hat, wie auch im Matthäus-Evangelium dargelegt, an sich ebenso gezweifelt wie an der Treue Marias und wollte sie sogar verlassen. Schließlich war er erwiesenermaßen nicht der

Bruder Christophorus hat sich über den grantigen Joseph viele Gedanken gemacht.

Joseph (ganz links) passt die Situation offenbar ganz und gar nicht.

Vater ihres Kindes. „Da mag es vielleicht nur menschlich erscheinen, dass er etwas grübelt", sagt Bruder Christophorus verständnisvoll. Er sieht sich schließlich mit einem Kind konfrontiert, das nicht sein eigenes ist. Über die nicht vorhandene Untreue Marias hat ihn der Engel ja im Traum aufgeklärt. Trotzdem muss er, wenn er die Aufgabe annimmt, die ihm der Engel in seinem Traum im Namen Gottes auferlegt hat, nicht nur die Verantwortung für seine Frau, sondern auch für den Sohn Gottes übernehmen. Und nicht zuletzt könnte Joseph auch einfach erschöpft sein: Schließlich ist die frischgebackene Familie unterwegs, es ist kalt und es obliegt ihm, für Schutz zu sorgen.

„Man kann Joseph irgendwie schon verstehen", sagt der Geistliche. „Und auch, dass er vom Besuch der Heiligen Drei Könige vielleicht nicht begeistert war." Denn welcher Vater möchte seine Frau und sein Kind nach der Geburt nicht erstmal für sich haben? Zeit, das Neugeborene der Welt stolz zu präsentieren, ist danach ja noch genug!

Eva-Maria Bast

So geht's zum genervten Joseph:

Die Darstellung findet sich oberhalb des ehemaligen Südportals der Liebfrauenkirche auf dem Dreikönigstympanon über der Tür. Joseph steht auf gleicher Höhe mit Maria.

Denkmal für den ersten Reporter Frankfurts:
„Der Lauscher".

40

Lauscher

An der Rathaus-Fassade macht einer große Ohren

Wenn man vor dem Rathaus steht, muss man schon den Kopf in den Nacken legen, um sie zu entdecken: Die Skulptur eines Mannes, der seine Hand hinter das rechte Ohr legt, aufmerksam lauschend, ist unter den Fenstern des ersten Stockwerks angebracht. In der linken Hand hält der Herr ein Notizbuch. Belauscht er etwa die Passanten, die unter ihm durch die Innenstadt ziehen? Die Hochzeitsgesellschaften, die fast täglich den Römer bevölkern? Die vielen Touristen, die neugierig die Sehenswürdigkeiten betrachten? Wäre er nicht aus Stein, sondern lebendig, könnte er wahrscheinlich nicht anders, als genau das zu tun, ist doch das „Lauschen" seine Berufung und gab der Skulptur ihren Namen: „Der Lauscher". Und das hatte ein lebendes Vorbild:

143

Friedrich-August Müller-Renz. Am 2. November 1830 in Frankfurt geboren, sorgte er im 19. Jahrhundert in der Stadt als Redakteur des Wochenblattes „Sonne" für Aufsehen. Seitdem hat sich eines wohl nicht geändert: Das Belauschen anderer Leute ist nicht gerade angesehen. Und doch brachte genau dies dem Journalisten so viel Ruhm ein, dass er um 1900 einen Ehrenplatz an der Römer-Fassade erhielt.

„Er war in seinem Job richtig gut, der wollte alles auch ganz genau machen", erklärt Gästeführerin Elisabeth Lücke. Um immer gut informiert und auf dem neuesten Stand zu sein, verkehrte er fleißig auf dem Römerberg, wo sich viele Leute trafen. Unter anderem war dort, wo heute das Restaurant Zum Standesämtchen ist, die bekannte Gastwirtschaft Zum Heyland. „Gegen Bier, gute Worte und manchmal auch eine Münze erzählten ihm die Leute das Neueste vom Tage. Dort bekam er im Jahr 1856 mit, dass alle Ratsherren, die da so zum Feierabendschoppen hinkamen, sagten, am nächsten Tag gebe es in einer vertraulichen Sitzung viel zu beraten. Da war bei Müller-Renz natürlich das Interesse geweckt", schildert die Frankfurterin. Der Sitzungssaal der Stadtverordneten war damals der Limpurgsaal, der heute für kleinere Feierlichkeiten genutzt wird. Im Nachbarraum standen zwei große Öfen, die zu dieser Zeit nicht in Betrieb waren, denn es war Sommer. In einem davon versteckte sich der ehrgeizige Müller-Renz, bevor sich die Räte im Sitzungssaal versammelten.

Elisabeth Lücke kennt die Geschichte des Lauschers.

„Im Kachelofen konnte er Wort für Wort mithören, was im Sitzungssaal gesprochen wurde", erzählt Elisabeth Lücke. Müller-Renz, der die Stenografie beherrschte, hörte die Details über einen Kulturvertrag zwischen Frankfurt und Frankreich im Ofen sitzend mit und machte sich Notizen.

Als am nächsten Morgen in den Zeitungen brühwarm nachgelesen werden konnte, was in der eigentlich geheimen Sitzung beraten worden war, wunderte sich jeder, durch welches Leck die Informationen an die Öffentlichkeit gekommen waren.

Bald kannte man das Leck, denn Müller-Renz höchstpersönlich erzählte die Geschichte über seinen Ofen-Einsatz selbst immer wieder gerne. Als Konsequenz wurden die Ofenlöcher und auch die neu angelegten Belüftungsrohre des Limpurgsaales zugemauert. Dadurch wurde das Raumklima in dem Saal so unangenehm, dass die geheimsten Veranstaltungen fortan in einem Wohnhaus stattfanden. „Wahrscheinlich saß der Lauscher von da an unter dem Fenster dieses Wohnhauses", vermutet Elisabeth Lücke, „Investigation war einfach seine Bestimmung."

Um 1855 war er als Mitglied einer Frankfurter „Geheimgesellschaft" von Demokraten verzeichnet. Gleichzeitig hieß es, Müller-Renz arbeite als Spitzel der Frankfurter Polizei. Beim Fürstentag im August 1863 schmuggelte er sich als Kellner ein und veröffentlichte anschließend, was die Herrschaften an den Tischen geplaudert hatten. 1866 wurden ihm Spionagedienste für die bayerische Armee vorgeworfen. Und Ende der 1860er-Jahre belauschte er wohl die Rezessverhandlungen mit Preußen im Haus Alten Limpurg. Seine Informationsbeschaffung war forsch und er nahm auch kein Blatt vor den Mund. Insgesamt war Müller-Renz sieben Mal in Presseprozesse verwickelt.

Am 2. November 1903 feierte er im Heyland auf dem Römer seinen 73. Geburtstag, tags darauf starb er an einem Schlaganfall. Er wurde zur Legende und lauscht noch heute mit weit aufgesperrten Ohren am Römer – wenn auch nur in Form einer Steinfigur.

Julia Rieß

So geht's zum Lauscher:

Er befindet sich an der Fassade des Römers, die der Limpurger Gasse zugewandt ist, direkt unter dem rechten Fenster des 1. Stockwerks.

Diese drei Tafeln sind eigentlich sechs. Sie erinnern daran, wie prachtvoll das Salzhaus früher war.

41

Tafeln

Was vom Salzhaus übrig blieb

Sechs große, reich verzierte Eichenholztafeln und der Gebäudesockel. Das ist das Einzige, was von dem einst so prachtvollen und bedeutsamen Salzhaus übrig geblieben ist. Es wurde zwar wiederaufgebaut, aber das, was man heute sieht – oder das meiste davon –, ist eben genau das: ein Wiederaufbau. „Frankfurt ist ja im Grunde nicht wirklich zerbombt worden, sondern dem Feuer zum Opfer gefallen", erklärt Verena Röse das Phänomen des originalen Erdgeschosses. „Auch die anderen Erdgeschosse hier am Römer stammen noch aus Vorkriegszeiten", erläutert sie, „sie sind alle aus Stein." Dass die hölzernen Tafeln den Krieg überstanden, hängt allerdings damit zusammen, dass man die kunstvollen Schnitzereien vor der Bombardierung im März 1944 sicher einlagerte.

Das um 1600 errichtete Salzhaus war kunsthandwerklich eine enorme Leistung und galt als eines der bedeutendsten Renaissancekunstwerke im deutschen Sprachraum. Der erste Vorgängerbau ist aber deutlich älter und wurde schon am 5. Mai 1324 urkundlich erwähnt. Das Haus befand sich im Besitz der bedeutenden Frankfurter Patrizierfamilie Wanebach (siehe Geheimnis 25). „Es wurde für den Salzhandel genutzt", sagt Verena Röse. Im Gewölbekeller befanden sich noch bis ins frühe 20. Jahrhundert große Becken, in denen das Salz gelagert wurde. Man nannte es auch das weiße Gold, auf das man nicht verzichten konnte, wie schon der spätantike Gelehrte und Schriftsteller Cassiodor (um 485 - um 580) sagte: „Auf Gold kann man verzichten, nicht aber auf Salz." Es war in den Zeiten, als es noch keine modernen Konservierungs- oder Kühlmethoden gab, noch wichtiger als heute, denn man benötigte es zum Beispiel, um Nahrungsmittel haltbar zu machen. Viele Salzhändler wurden sehr reich.

Doch das Frankfurter Salzhaus diente später Henne Brun, der es Mitte des 15. Jahrhunderts sein Eigen nennen durfte, auch als Gefängnis. Wenn ein Gläubiger einen entsprechenden Antrag stellte, nahm der Rat den Schuldner vier Wochen in Haft, anschließend hatte der Gläubiger das Recht, den Schuldner weiter inhaftieren zu lassen, bis dieser seine Schulden beglichen hatte. Das musste dann allerdings in priva-

Verena Röse weiß, was es mit den Tafeln am Salzhaus auf sich hat.

ten Gefängnissen, wie das Salzhaus eines war, und auf Kosten des Gläubigers geschehen. Im Salzhaus waren die Schuldner wohl in einer Art Käfig im Keller eingesperrt.

Im 16. und 17. Jahrhundert erfuhr das Gebäude einen großen Wandel: Der reiche Weinhändler Christoph Andreas Koler, der zur Zeit des Fettmilch-Aufstandes (siehe Geheimnis 48) lebte, kaufte es und ließ es Ende des 16. Jahrhunderts zu dem Haus umbauen, als das es später so berühmt wurde: prachtvoll im Stil der Spätrenaissance verziert. Nun entstanden an der Fassade auch die Schnitzereien, gefertigt vom Bildhauer Johann Michael Hocheisen aus Memmingen. Unter das Fenster im ersten Geschoss setzte er einen Fries aus den sechs Holztafeln, die heute wieder, in Zweierpaaren untereinander angeordnet, an der Fassade zu sehen sind. Die Tafel ganz links zeigte den Frühling, gefolgt vom Sommer und zwei Putten mit einem Ring als Symbol der Ehe. Dann kamen zwei Putten mit Blumen als Symbol der Kinder, es folgten der Herbst und der Winter. Das war aber nur ein kleiner Teil der sehr aufwändigen Gebäudeverzierung. Im darüber liegenden Geschoss zum Beispiel gab es ebenfalls Schnitzereien, die jedoch Teil der Fassade waren und ihr nicht, wie die Holztafeln, vorgelagert waren. Die Fassade zum Römerberg wurde in den Frankfurter Farben Rot, Weiß und Gold gefasst, und als 1613 Kolers Frau starb, trug das Haus Trauerflor. Carl Wolff und Rudolf Jung berichten in ihren „Baudenkmälern" über die Beerdigung, dass „sämtliche Zünfte dem Leichenzuge, an dem sich im Ganzen 1052 Männer beteiligten", zu Ehren der Verstorbenen durch die Straßen zogen und „das Salzhaus, von dem der Zug ausging, (...) vollständig mit schwarzem Tuche behängt" war.

Kunstvolle Schnitzereien auf den Holztafeln: der Herbst und der Winter.

Später diente das Gebäude wohl wieder dem Handel, 1637 starb hier der Seiden- und Tuchhändler Melchior Sultzer, 1718 gründete Friedrich Freyer eine Strumpfhandlung. Am 1. Mai 1843 wurde das Gebäude städtisch, die Stadt Frankfurt kaufte es für 32.000 Gulden zur Erweiterung des Rathauses Römer und unterzog es rund 40 Jahre später einer dringend gewordenen Sanierung. Auch die Eichenholztafeln wurden abgenommen und restauriert. An der Nordwand befanden sich sehr aufwändig gearbeitete Fresken, die allerdings in derart schlechtem Zustand waren, dass sie nicht saniert, sondern ersetzt wurden. Als das Haus in frischem Glanz erstrahlte, brachte die Stadt hier ihre Verwaltung unter, zunächst die Militärkommission, dann einen Teil des Städtischen Amts und schließlich das Gesundheitsamt.

Das Ende kam mit dem Zweiten Weltkrieg. Dass die Schnitzereien noch gerettet wurden, ist dem besonnenen Handeln der Frankfurter zu verdanken: „Spätestens 1942 war klar, dass auch Frankfurt schwer bombardiert werden könnte. Damals hat man, so viel man konnte, gerettet und dokumentiert. Was man nicht bewegen konnte, mauerte man ein", sagt Verena Röse. „Zum Beispiel den Maria Schlaf Altar im Dom, der den Krieg dadurch unbeschadet überstanden hat." Auch die Relieftafeln wurden sichergestellt und eingelagert. Dort blieben sie unbeschädigt, während das Salzhaus bei dem schweren Bombenangriff am 22. März niederbrannte. Schon zuvor war der Römer mit Brandbomben verwüstet worden, am 5. Oktober 1943 und am 18. März 1944. Doch erst jener dritte Angriff am 22. März, bei dem über 7.000 Gebäude schwer beschädigt oder vollständig zerstört wurden, legte auch das Salzhaus in Schutt und Asche.

Die Trümmerräumung in der Altstadt dauerte von 1946 bis 1950. Die Bausperre hatte bis 1952 Bestand, doch dann ging es schnell: 1954, neun Jahre nach Kriegsende, standen die Gebäude des Römers wieder. „Es wurde darüber diskutiert, ob man das Salzhaus nicht rekonstruieren sollte", sagt Verena Röse. „Nicht zuletzt deshalb, weil man ja einen großen Teil der Schnitzfassade retten konnte." Doch die Baukultur habe es eher schlicht gewollt, nicht zu viel „Historizismus romantischer Art", wie Oberbürgermeister Kurt Blaum (1884-1970) damals sagte. Deshalb wurde das Gebäude auf eher zurückhaltende Weise modern errichtet und die Architektur neu interpretiert. Nur die sechs Tafeln wurden wieder angebracht, neben einem Mosaik mit Lilien, die symbolisch für den Neuanfang und die Reinheit stehen. Und am Nachbargebäude findet sich ein Mosaik, das aus vielen Kreuzen besteht: in Memoriam für all jene, die im Krieg ihr Leben lassen mussten.

Eva-Maria Bast

So geht's zu den Tafeln:

Sie befinden sich am Haus Römerberg 27. Man kann die in Zweierpaaren übereinander hängenden Holztafeln gut erkennen.

Markus Bechtold ist der Geschichte der Mauerreste auf der Spur.

42

Mauerreste

Struwwelpeter und ein „Irrenschloss"

Es war an einem Samstagnachmittag. Der Journalist und Sozialwissenschaftler Markus Bechtold hatte etwas zu recherchieren und ging in die sozialwissenschaftliche Bibliothek der Johann Wolfgang Goethe-Universität, die sich über zwei Stockwerke erstreckt. Im Untergeschoss fiel sein Blick auf ein altes Mauerwerk. Das hatte er bei seinen vorigen Besuchen zwar schon gesehen, sich aber nie wirklich Gedanken darüber gemacht. Neugierig geworden, begann Bechtold das zu tun, was Journalisten nun einmal tun, wenn sie etwas entdecken, auf das sie keine Antwort haben: Er begann zu recherchieren und las, dass dieses alte Stück Mauer 2007 im Erdreich gefunden worden war, als der Universitätsneubau entstand. Und dass dabei nicht nur die Mauerreste, sondern auch zahlreiche Utensilien, wie zum Beispiel Zahnbürsten, Spritzen und Geschirr, gefunden wurden. „Es handelte sich um Klinikinventar", sagt Markus Bechtold, der inzwischen weiß: Die alten Mauerreste gehörten zu einer Klinik aus dem 19. Jahrhundert, sind aber selbst wesentlich älter als die Klinik. „Bei diesen Mauerresten handelt es sich um den Keller eines alten Turms, der von der Klinik benutzt wurde. Was für einen Zweck dieser Turm im Mittelalter hatte, ist noch nicht ganz klar, darüber streiten sich die Archäologen noch heute", sagt Bechtold. „Ob es ein Wehrturm war, der vielleicht später als Mühle genutzt wurde, oder einfach nur ein Lager – man weiß es nicht. Das ist aber auch für unsere Geschichte nicht interessant. Interessant wird es in dem Moment, in dem der Name Heinrich Hoffmann ins Spiel kommt."

Heinrich Hoffmann (1809-1894) war ein deutscher Psychiater, bekannt wurde er aber vor allem als Kinderbuchautor: Er ist der Mann, der Generationen von Kindern mit seinem 1844 geschriebenen „Struwwelpeter" einerseits fasziniert und andererseits diszipliniert hat, indem er sie vielleicht auch dazu brachte, sich die Haare zu kämmen und die Fingernägel zu schneiden. „Und dieser Heinrich Hoffmann hat hier in Frankfurt schließlich die modernste Nervenheilanstalt seiner Zeit gebaut", sagt Bechtold. Im Alter von 42 Jahren sei er Leiter der „Anstalt für Irre und Epileptische" geworden, die sich zunächst noch mitten in Frankfurt befunden habe. „Das war ein Kasten, da wurden die Kranken einfach weggesperrt. Zur damaligen Zeit war das gang und gäbe", erklärt der Sozialwissenschaftler. Heinrich Hoffmann habe dieser Ansatz aber so gar nicht gefallen. „Er konnte das einfach nicht mehr mitansehen und war entsetzt über die damaligen Zustände. Er wollte, dass man die Patienten würdig unterbringt und sie als Menschen wahrnimmt. Und dass man versucht, sie zu heilen."

Die Idee, eine neue Nervenheilanstalt in Frankfurt zu bauen, war geboren. „Doch Hoffmann hatte kein Geld und musste trommeln gehen. Das tat er mit einer Begeisterung, die der Frankfurter Bevölkerung fast schon lästig wurde. Aber mit der Zeit hat er es dann tatsächlich geschafft, über 100 angesehene Bürger zu überzeugen, dafür zu spenden", berichtet der Journalist. „Einer der Großspender war Freiherr von Wiesenhütten. Seine Spende war jedoch mit Bedingungen verbunden: Hoffmann sollte erstens sofort mit dem Bau beginnen, damit das Projekt nicht im Sande verläuft. Die zweite Bedingung war, dass die Institution für alle Glaubensrichtungen offen sein sollte. Patienten sollten aufgrund ihres Glaubens nicht diskriminiert werden."

Hoffmann war nur zu gern bereit, das Projekt sofort in die Tat umzusetzen. Gemeinsam mit dem jungen Architekten Oskar Pichler reiste er nach Holland, Belgien und England, um sich von den dortigen Anstalten inspirieren zu lassen. Bei seiner Rückkehr war für ihn klar, dass die Anstalt vor der Stadtmauer gebaut werden soll. „Frankfurt war damals ja noch viel kleiner. Das Gelände, auf dem die Uni heute steht, war Ackerland. Die Frankfurter nannten es Hammelswiese am Affensteiner Weg – die Bezeichnung Affenstein stammt angeblich von einem Bildstock mit Mariendarstellung", erklärt Markus Bechtold. Die Bauzeit dauerte von 1859 bis 1864.

„Damals wurden die Kranken noch unterteilt in Tobsüchtige, Epileptische, Unruhige, Blödsinnige und Ruhige", sagt er. „Hoffmann hat jeder dieser Gruppen einen eigenen Flügel zugewiesen, und jeder Flügel hatte einen Garten, in dem sich die Kranken betätigen konnten." Dem Psychiater war es wichtig, dass die Patienten nicht den ganzen Tag im Zimmer eingeschlossen sind, sondern an die frische Luft können. „Sie sollten sich außerdem gebraucht fühlen, deshalb hat er sie im Garten

Ein Überbleibsel aus dem Mittelalter.

mitarbeiten lassen." Dadurch sei die Klinik zu einem gewissen Teil zum Selbstversorger geworden.

Der damals schon Jahrhunderte alte Turm, den Markus Bechtold in der Unibibliothek entdeckt hat, befand sich auf Hoffmanns Baugrundstück. „Er integrierte den Turm, indem er ihn als Eiskeller verwendete", erklärt der Sozialwissenschaftler. „Es gab damals ja noch keinen Kühlschrank und keine Kühltruhe." Im Winter habe man das Eis also vom Taunus hergebracht und im mittelalterlichen Turmkeller verstaut, wo es schön kühl blieb. „Hoffmann brauchte das Eis, um verderbliche Sachen kühl zu halten, und er hat es wohl auch in der Therapie eingesetzt", erklärt Bechtold.

Der Neubau der Anstalt wurde im Stil der Neogotik gestaltet und über dem Hauptgebäude ein Giebel errichtet, der dem des Frankfurter Römer ähnelte. Durch diesen Stil habe die Anlage ein

„Dort, wo früher das universitäre Wissen an den Patienten angewendet wurde, wird es heute gelernt. Und die Studierenden haben immer wieder den Eiskeller vor Augen."

wenig gewirkt wie ein Schloss, sagt Bechtold, was ihr in der Bevölkerung den Namen „Irrenschloss" eintrug.

1928 sei der Bau dann abgerissen und in Niederrad eine neue, modernere Anstalt eingerichtet worden. „Dass gerade der Eiskeller der psychiatrischen Anstalt erhalten geblieben ist, in der Bibliothek, wo Studierende jetzt wieder Psychologie studieren, ist für mich faszinierend", sagt Markus Bechtold und ergänzt: „Dort, wo früher das universitäre Wissen an den Patienten angewendet wurde, wird es heute gelernt. Und die Studierenden haben immer wieder den Eiskeller vor Augen."

Eva-Maria Bast

....
So geht's zu den Mauerresten:

Sie befinden sich in der Bibliothek Sozialwissenschaften und Psychologie der Goethe-Universität, Theodor-W.-Adorno-Platz 6.

43

Hauptwache
Und was hat das alles mit Goethe zu tun?

Dass sie einmal solche Berühmtheit erlangen und Vorbild für eine literarische Figur werden würde, hätte sich Susanna Margaretha Brandt (1746-1772) wohl auch nicht träumen lassen. Und wenn, dann wäre es ihr vermutlich in den letzten Stunden ihres Lebens herzlich egal gewesen! Denn was hilft einem das noch, wenn das Schwert des Henkers gleich herabsausen wird? Dort, vor der Hauptwache, dem historischen Gefängnis Frankfurts?

„Susanna Margaretha Brandt, eine junge Magd, ein Waisenkind, schwanger von einem Holländer, einem Gast in der Herberge Zum Einhorn, in der sie als Dienstmagd arbeitet", umreißt der gebürtige Frankfurter Christian Setzepfandt die Fakten. Ein Goldschmied auf Wanderschaft sei der Vater des Kindes gewesen, der sie, wie sie später sagen wird, verführt habe mit einem Glas Wein, vielleicht habe er ihr sogar etwas hineingegeben, so schummerig sei ihr gewesen. Die Schwangerschaft versucht sie zu verheimlichen, das Kind, einen kleinen Jungen, bringt sie am 1. August 1771 in einer Sturzgeburt zur Welt. Sie ermordet das Neugeborene und flieht nach Mainz, kommt allerdings am Folgetag zurück und wird am Bockenheimer Tor festgenommen. Man bringt die junge Frau zunächst ins Gefängnis in der Katharinenpforte und dann aufgrund ihres schlechten Gesundheitszustands ins Hospital.

Vom 8. bis 12. Oktober 1771 verhandelt das Gericht den Fall auf dem Römer. Das Urteil ist schnell gesprochen, die Kindsmörderin soll durch das Schwert sterben, dem Gnadengesuch wird nicht stattgegeben. Es kommt der 14. Januar, der Tag der Hinrichtung. In der Prozessakte steht, „daß gedachte Brandtin des an ihrem lebendig zur Welt gebrachten Kinde, nach eigener wiederholter Bekundnis, vorsetzlich und boshafterweise verübten Mordes halber, nach Vorschrift der göttlichen und weltlichen Gesetze und zwar ihrer zur wohlverdienten

Christian Setzepfandt weiß, welch tragisches Ereignis sich einst hier abspielte – und was das alles mit Goethe zu tun hat.

Strafe und anderen zum abscheulichen Exempel mit dem Schwerd vom Leben zum Todt zu bringen und dieses Urteil fordersamt zu vollziehen seye. Geschlossen bey Rath dinstag den 7. Januar 1772."

„Diese Geschichte hat damals ganz Frankfurt erschüttert", sagt Christian Setzepfandt, der seit 40 Jahren Frankfurter durch ihre Stadt führt und immer wieder neue, spannende Geschichten entdeckt. „Das kann man sich ja denken. Wobei es häufiger

„Diese Geschichte hat damals ganz Frankfurt erschüttert."

Kindsmörder gab als heute." Im 18. Jahrhundert hätten sich bei rund 30.000 Einwohnern an die 150 Kindsmorde pro Jahr in Frankfurt ereignet, 2007 seien es in der gesamten Bundesrepublik mit 82 Millionen Einwohnern etwa 280 Kindsmorde gewesen. „Da sieht man schon, welch immenses soziales Problem das gewesen ist." Susanna Margaretha Brandt, ihr Prozess und ihre Hinrichtung seien auch deshalb so bekannt geworden, weil es darum ging, ein Exempel zu statuieren, ist der Frankfurter sicher. „Die Hinrichtung sollte eine abschreckende Wirkung haben."

Auch Johann Wolfgang von Goethe (1749-1832), der als junger Jurist in Frankfurt arbeitete, bekam die ganze Aufregung gewissermaßen von vorne bis hinten mit. Und zwar nicht nur von außen: Viele seiner Bekannten und Freunde hatten in irgendeiner Weise mit dem Fall zu tun. Johann Heinrich Thym zum Beispiel, seines Zeichens Gerichtsschreiber, war niemand anderes als der Mann, der ihn in seiner Kindheit unterrichtet hatte. Und sein späterer Schwager Johann Georg Schlosser (1739-1799) war Schriftführer des Scharfrichters. Bei den Medizinern, die die Kindsmörderin im Hospital versorgten, handelte es sich um Hausärzte seiner Familie, und sein Onkel Johann Jost Textor schließlich war Mitglied des Gerichts. „Wie viele Frankfurter war auch Goethe von der Geschichte sehr betroffen", sagt Christian Setzepfandt. „Sie hat ihn so sehr beeindruckt und bewegt, dass er sie in der Gretchentragödie in seinem Faust verarbeitete, sie wurde sogar ein zentrales Leitmotiv." Viele in Frankfurt im Zusammenhang mit dem Prozess erlebte Szenen seien in den Faust eingeflossen. „Zum Beispiel war es bei der Hinrichtung so, dass ein kleiner, grauer Holzstab auf dem Tisch der Richter lag. Dieser Holzstab ist vor einer Hinrichtung gebrochen worden. Und Goethe lässt Margarete in der letzten

Szene ‚Kerker' sagen: Die Glocke ruft, das Stäbchen bricht. / Wie sie mich binden und packen! / Zum Blutstuhl bin ich schon entrückt. / Schon zuckt nach jedem Nacken / Die Schärfe die nach meinem zückt."

In seinem autobiografischen Werk *Dichtung und Wahrheit* schildert Goethe, wie er „als ein junger Bewohner einer großen Stadt von einem Gegenstand zum andern hin und wieder geworfen" worden sei. Es habe „mitten in der bürgerlichen Ruhe und Sicherheit nicht an gräßlichen Auftritten" gefehlt: „Bald weckte ein näherer oder entfernterer Brand uns aus unserm häuslichen Frieden, bald setzte ein entdecktes großes Verbrechen, dessen Untersuchung und Bestrafung die Stadt auf viele Wochen in Unruhe. Wir mussten Zeugen von verschiedenen Exekutionen sein (…)" Auch wenn die Erwähnung sehr knapp ausfällt, sie bezeugt das Ausmaß der seelischen Erschütterung, die die Hinrichtung der Kindermörderin in dem jungen Goethe bewirkte.

Der Ort vor der Hauptwache sei aber nicht Frankfurts üblicher Hinrichtungsplatz gewesen, berichtet Christian Setzepfandt. „Hier wurde nur in Ausnahmefällen hingerichtet, wenn man, wie bei Susanna Margaretha Brandt, große Aufmerksamkeit erregen wollte." Denn Hinrichtungen hätten als unsauber gegolten, „und man wollte die Hinterlassenschaften der Menschen nicht an einem sauberen Ort haben". Mit „Hinterlassenschaften" meine man nicht nur Blut,

Die Hauptwache: einst Gefängnis und Hinrichtungsplatz.

sondern die Exkremente und die Leichen von Erhängten, klärt Setzepfandt auf. „Normalerweise wurde vor der Stadt hingerichtet, an der Mainzer Landstraße zwischen Bahnhofsviertel und Westend. Dort, wo heute der François-Mitterand-Platz ist."

Ab dem 19. Jahrhundert hätten die Hinrichtungen dann aber nicht mehr öffentlich, sondern im Gefängnis stattgefunden. So wurden auch zwei Männer, die einen schräg gegenüber der Hauptwache lebenden

Klavierhändler ermordet hatten, innerhalb der Gefängnismauern geköpft. Übrigens waren das die ersten Delinquenten, die man in Frankfurt mit einem Fingerabdruck identifizieren konnte. „Fingerabdrücke kannte man in jener Zeit zum Beispiel in Indien, England und Frankreich als Zahlungssysteme. Sie galten als Beleg für geleistete Zahlungen", sagt Setzepfandt.

„Da sieht man schon, welch immenses soziales Problem das gewesen ist."

„Doch diese beiden Männer sind mit Fingerabdrücken, die hier gefunden wurden, überführt worden. Als erste in der Frankfurter Kriminalgeschichte." Das war im Jahr 1904. „Es ist schon bemerkenswert, dass sich zwei so bedeutende Kriminalfälle in kurzer Entfernung voneinander abgespielt haben", überlegt Setzepfandt. „Wenn auch in unterschiedlichen Jahrhunderten."

Eva-Maria Bast

So geht's zur Hauptwache:

Sie befindet sich mitten in der Stadt am Ende der Einkaufsstraße „Zeil".

*Die Initialen „C.W." und Reste der Muschelkalk-
fassade erinnern an das einst prächtige Kaufhaus
Wronker in der Zeil.*

44

Initialen

Überbleibsel eines prachtvollen Warenhauses

E lisabeth Lücke steht im Holzgraben, der parallel zur Ein-
kaufsmeile, der Zeil, verläuft, und schaut an einer hohen
Hausfassade hinauf. „Da, ganz oben am Gebäude, können
Sie das sehen? Da kann man die Initialen *C.W.* erkennen,
aus rotem Sandstein." Die Initialen, von denen die Gästeführerin
spricht, sind an der Gebäuderückseite erhalten geblieben. Sie und ein
Stück der alten Fassade sind alles, was übrig ist von den einstigen
Warenhauskönigen Süddeutschlands, der Familie Wronker. Das „C"
stehe für „Cassel", erklärt Lücke, das ist die alte Schreibweise für die
Stadt Kassel, wo die familiären Wurzeln der Familie liegen. Das „W"
stehe für Wronker. Links von den Buchstaben sieht man die Jahreszahl
1910. Doch was es mit dieser Jahreszahl auf sich hat, konnte keiner der
Historiker, die Elisabeth Lücke befragt hat, beantworten. „Ich kann es
mir nur so erklären, dass sie nach einer der zahlreichen An- und

Umbauten des Gebäudes angebracht wurde und darauf verweist. Eventuell die Fertigstellung nach einem Umbau im Jahr 1909. Aber belegen lässt sich das nicht."

Die Zeil: Das war früher der Viehmarkt, dann eine Prachtstraße, bebaut mit Hotels und Palästen. Aber Mitte des 19. Jahrhunderts, mit Eröffnung der Hauptpost, wandelte sich die Zeil zur Geschäftsstraße, die sie heute noch ist. Hier gründete im Jahr 1891 der 23-jährige Hermann Wronker (1867-1942) im damaligen Haus Zeil 14-16 gemeinsam mit seinem älteren Bruder ein Kurz-, Weiß- und Wollwarengeschäft. Sie erweiterten es 1896 um das Haus Hasengasse 15 und 17. Doch schon im Folgejahr brannten die Räume des Unternehmens vollständig ab. Zwischen 1908 und 1912 baute Wronker größer und prachtvoller denn je. Der fünfgeschossige Neubau strahlte gediegene Eleganz aus. „Seine wunderbare expressionistische Muschelkalkfassade erstreckte sich über 80 Meter an der Zeil entlang", sagt Elisabeth Lücke. Das Wronker – wie es die Frankfurter liebevoll nannten – war nun das größte Warenhaus der Stadt. Im Inneren bestach das Gebäude durch eine ansprechende Ausstattung aus Marmor und

Elisabeth Lücke erzählt die Geschichte von Frankfurts ehemals größtem Warenhaus Wronker.

Bronze, durch seine Lichthöfe sowie ein ungewohnt umfangreiches Warenangebot. „Es gab Modenschauen, man konnte Waren bestellen, seine Pelze aufbewahren lassen, das war vom Feinsten", erklärt Lücke. „Es war für die Frankfurter ein vollkommen neues Konzept, unter einem Dach ganz viele verschiedene Produkte anzubieten und auch Dienstleistungen zu erhalten." Der Erfolg war so durchschlagend, dass Hermann Wronker bald auch Filialen in Pforzheim, Mannheim, Hanau und Frankfurt-West eröffnete. In den 1920er-Jahren beschäftigte er ungefähr 3.000 Mitarbeiter und hatte einen Jahresumsatz von über 35 Millionen Reichsmark.

Die Erfolgsgeschichte fand in den 1930er-Jahren ein jähes Ende. Denn da Hermann Wronker Jude war, bedeutete die Machtübernahme der Nationalsozialisten und der nationalsozialistische Boykott jüdischer Geschäfte am 1. April 1933 für ihn und sein Lebenswerk den Anfang vom Ende. 1933 wurde das Unternehmen „arisiert". Das heißt, die Eigentümer wurden enteignet, erhielten Hausverbot und die Nationalsozialisten setzten ein neues Management ein. Auch der Name wurde getilgt: 1934 firmierte das Unternehmen in Hansa AG um. 1952 ging es im Hertie-Konzern auf. Hermann Wronker emigrierte nach Frankreich und wurde nach dessen Besetzung interniert. Im Jahr 1942 wurde er mit seiner Frau Ida im KZ Auschwitz ermordet. Sein Sohn Max Wronker versuchte nach dem Krieg vergeblich, eine Rückerstattung oder Entschädigung zu erwirken.

„Da, ganz oben am Gebäude, können Sie das sehen? Da kann man die Initialen C.W. erkennen, aus rotem Sandstein."

Das große Gebäude auf der Zeil, in dem er einst sein prachtvolles Warenhaus geführt hatte, wurde im Krieg fast vollständig zerstört. Von der Seite der Zeil ist vom Wronker nichts mehr zu sehen. Nur Richtung Holzgraben sind Teile der rückwärtigen Fassade erhalten geblieben. Und eben „C.W.", die Initialen.

Julia Rieß

So geht's zu den Initialen:

Die Fassadenreste des Kaufhauses Wronker sind im Holzgraben 6-10 zu finden. Das ist die Rückseite des Gebäudes an der Zeil 85-93. Die Initialen befinden sich ganz oben an der Hauswand.

Oberbürgermeister Peter Feldmann kann die Geschichte des Mosaiks über dem Torbogen im Rathausinnenhof erzählen.

45

Mosaik
Von der Traube zum Apfel

Jeden Tag, wenn er zur Arbeit geht, wird er daran erinnert, dass es in Frankfurt nicht nur eine Eppelwoi-, sondern auch eine klassische Weinkultur gibt: Im Innenhof des Rathauses, dort, wo Oberbürgermeister Peter Feldmann zu parken pflegt, befindet sich ein Mosaik, auf dem eine Weinlese dargestellt ist – zwar im nahe gelegenen Hochheim, doch auch in Frankfurt sei die Weinlese rege gewesen, sagt der OB. „Das ist schon ein kleines Geheimnis, weil Frankfurt ja allgemein nur als Apfelweinstadt gesehen wird", findet der Oberbürgermeister. Dabei sei die Frankfurter Weintradition schon sehr alt: „Mit dem Lohrberg als östlichstem Ausläufer des Rheingaus und mitten in der Stadt gelegen, geht sie zurück ins Jahr 816, somit bereits 1.200 Jahre", sagt Peter Feldmann. „Bereits 1483 wurden in Frankfurt allein 1,5 Millionen Liter Wein gekeltert." Während des Dreißigjährigen Kriegs (1618-1648) habe der Rat der Stadt die Vorräte innerhalb der Stadtmauern zählen lassen, um zu sehen, wie weit diese im Belagerungsfall für die Stadtbürger und aufzunehmenden Nachbarn ausreichen würden. „Die Zählung ergab, dass auf den Dachböden der Kirchen und anderen öffentlichen Gebäuden Kornvorräte für drei Jahre lagerten, in den Kellern der Bürger aber Weinvorräte für ein Jahrzehnt bei einem Pro-Kopf-Verbrauch von täglich 1,5 Litern Wein."

Bei dem Lehrer, Journalisten und Prediger Anton Kirchner (1779-1834) kann man nachlesen: „(...) unter äußerm Druck wächst der Handel, unter Raub und Plünderung der Reichtum. Von den Nahrungszweigen, die damals für Frankfurt am ergiebigsten waren, verdient der Weinhandel zuerst Erwähnung. Schon im vorigen Zeitraum war er beträchtlich." Und weiter schreibt er: „Jetzt kam das bekannte Sprüchwort auf, daß in Frankfurt mehr Wein sey in den Kellern, als Wasser in den Brunnen." Viele der ältesten Gesetze beziehen sich Kirchner zufolge allein auf den Weinhandel: „Nach diesen soll außer den Messen kein Fremder Wein an Fremde verkaufen; Kein Fremder überhaupt länger als vierzehn Tage, längstens vier Wochen sein Wein feil bieten, unter keinem Vorwand darf der Wein verfälscht werden u. dgl."

Anfang des 17. Jahrhunderts wurde der Weinbau durch klimatische Bedingungen immer schwieriger und auch die Reblaus verbreitete sich rasant. Den Weinbauern war ihre Lebensgrundlage entzogen, sie experimentierten mit anderen Früchten und kamen so auf den Apfel. Doch das ist eine andere Geschichte, die wir ab Seite 31 erzählen.

Eva-Maria Bast

....

So geht's zum Mosaik:

Es befindet sich im Innenhof des Rathauses am Römerberg 23.

Adriane Dolce ist von diesem Epitaph immer wieder aufs Neue fasziniert.

46

Grabmal
Für Stärke und Treue

D as Epitaph ist auffallend. Durch seine Größe, seine prominente Lage und auch durch die Farbigkeit, dank der es ein wenig wirkt wie ein Gemälde. Und wer das Grabdenkmal etwas genauer betrachtet, stutzt: Der Mann und die Frau, die darauf zu sehen sind, stehen jeweils auf einem Tier! Sie auf einem Hund, er auf einem Löwen! Adriane Dolce hat sich darüber auch gewundert und versucht, den Sinn hinter dieser Darstellung herauszufinden. „Das sind die Ureltern der Holzhausen-Dynastie, Johann und Guda Holzhausen", stellt sie die beiden vor. „Die Patrizier-Familie ist seit dem 13. Jahrhundert in Frankfurt erwähnt und sie hat sich über 500 Jahre, bis 1923, in Frankfurt gehalten." In Österreich gebe es heute noch einen Zweig der Familie. „Über 70 Frankfurter Bürgermeister haben die Holzhausens gestellt", zollt die Gästeführerin der Familie Respekt. Kein Wunder, dass die „Ureltern" der Dynastie einen solchen besonderen Platz im Dom für ihr Grabmal bekommen haben. Aber warum hat man sie auf zwei Tieren stehend dargestellt? „Die Tiere sollen die Tugenden in der Ehe symbolisieren", erklärt Adriane Dolce. „Sie steht auf einem Hund, das soll Treue und Unterwürfigkeit bedeuten. Er auf einem Löwen, was für Kraft und Stärke steht."

Die Holzhausens, erzählt die Frankfurterin, seien durch ihren Handel so reich geworden, dass sie irgendwann nur noch ihre Liegenschaften verwaltet haben. „Man kennt ja heute noch das Holzhausen-Schlösschen." Das Besondere an den Holzhausens – und auch der Grund für den über Jahrhunderte dauernden Erfolg – sei gewesen, dass die Familie sich stets ihrer Zeit angepasst habe. „Sie waren weit davon entfernt zu sagen: Unser Stammbuch ermächtigt uns zu allem. Sondern sie haben verstanden, dass sich die Welt ändert und dass sie sich mit ändern müssen." Besonders wichtig sei diese Haltung gewesen, als nach der Französischen Revolution die Bürgerschaft immer mehr Bedeutung bekam. „Es war das Jahrhundert des Aufstiegs des Bürgertums, und auch diesen Wendepunkt haben die Holzhausens nicht verschlafen, sondern ihnen wurde die Bedeutung der Bildung klar."

Die Familie habe den Pädagogen Friedrich Fröbel (1782-1852) ins Haus geholt, der in einem Bericht über die Holzhausen-Kinder sinngemäß geschrieben habe, dass diese allesamt die schlechten Eigenschaften adeliger Sprösslinge aufwiesen. „Er empfahl den Eltern, sie von Montag bis Freitag unter seine Obhut zu geben. Er ist mit ihnen vor die Stadttore gezogen und war die ganze Woche mit ihnen alleine. Sogar auf eine Reise in die Schweiz zu Pestalozzi hat er die Kinder mitgenommen. Der Kleinste hatte richtig Herzschmerzen und hat dem Vater einen Brief mit einer Haarlocke von sich geschickt, damit er ihn nicht vergisst." Doch die Erziehung wirkte, aus allen dreien, beteuert

Adriane Dolce, seien wichtige Persönlichkeiten geworden. Alle hätten sie Karriere gemacht auf der Grundlage des Bewusstseins von der Wichtigkeit der Bildung.

Und diese Offenheit, so die Frankfurterin, hätten eben schon die Urmutter und der Urvater der Holzhausens, deren Epitaph im Dom zu sehen ist, an den Tag gelegt.

Johann von Holzhausen (gest. 1393) heiratete Guda Goldstein (gest. 1371) im Jahr 1357. In den 14 Ehejahren bis zu ihrem Tod schenkte Guda ihrem Gatten zwei Söhne und zwei Töchter. Johann von Holzhausen war Bürgermeister der Stadt – einmal Älterer und einmal Jüngerer. Als Mitglied der patrizischen Geschlechter waren ihm die Zünfte ein Dorn im Auge, drängten diese doch immer mehr in die Verwaltung und den Rat der Stadt. So kam es 1355 zu einem Aufstand der Zünfte, und Holzhausen trug tatkräftig dazu bei, diesen niederzuschlagen. Als er 1364 zum Älteren Bürgermeister gewählt wurde, gelang es ihm, den Jüngeren Bürgermeister Henne Wirbel, der eine Art Anführer während der Zunftaufstände gewesen war, aus dem Amt zu vertreiben. Seine Verbindungen nutzend, konnte er Kaiser Karl IV. zum Eingreifen bewegen. Und so schrieb Kaiser Karl IV. am 2. November 1365 an Erzbischof Gerlach: „(...) daß

Prachtvoll: das Grabdenkmal des Ehepaars Holzhausen.

Heinz gem Sale, der bisher Schultheiß zu Frankfurt gewesen ist, das Schultheißen-, Schöffen- und Ratmannenamt nicht länger innehaben soll und daß Henne Wirbel, Metzger, Henne Schelle, Bäcker, und Gerhard Rosembuosz, Schuhmacher, fortan nicht mehr im Rate sitzen sollen". Gottfried von Stockheim, der vom Kaiser mit der Durchsetzung dieser Anordnung betraut war, hatte sogar „sogleich nach seiner

166

Ankunft in der Wetterau von beiden Parteien eine Sicherheit von 2.000 Mark lötiges Silber darauf zu nehmen, daß sie bis zur Entscheidung einander keinen Schaden tun".

1366 gelang es Siegfried zum Paradies, den Stadtforst und das Reichsschultheißenamt von Ulrich III. von Hanau zu lösen, der durch diese wichtigen Besitzungen und Ämter versucht hatte, die Stadt unter seine Herrschaft zu bringen. Siegfried zum Paradies war ein enger Freund des Kaisers und konnte dadurch besonders günstige Zusagen für sich erwirken. Doch der von außerhalb kommende zum Paradies war Holzhausen ebenfalls ein Dorn im Auge.

Nun kommt Kaiser Karl IV. erneut ins Spiel, denn er war ständig in Geldnöten: Um seine Hausmacht zu stärken, brauchte er dringend Geld. Und so bot eine Gesandtschaft dem Kaiser 8.800 Gulden dafür, dass das Reichsschultheißenamt an die Stadt überging. Neben der Ablöse, die Siegfried zum Paradies erhielt, machte der Kaiser dadurch einen erklecklichen Gewinn von 4.400 Gulden. Durch diese Amtsumschichtung wurde Frankfurt faktisch zu jener reichsfreien Stadt, die es – mit Ausnahme der Jahre 1806-1815 – bis 1866 bleiben sollte. Worauf der Frankfurter heute noch stolz ist.

„Sie waren weit davon entfernt zu sagen: Unser Stammbuch ermächtigt uns zu allem. Sondern sie haben verstanden, dass sich die Welt ändert und dass sie sich mit ändern müssen."

Eva-Maria Bast

....

So geht's zum Grabmal:

Das Grabmal des Ehepaars Johann und Guda Holzhausen befindet sich seit 1830 im nördlichen Querhaus des Frankfurter Doms.

47

Wiese

In der Sonne liegen und bleich werden

E in Hund läuft über die Wiese und verrichtet sein Geschäft. Hätte er das zu den Zeiten getan, als die Frauen ihre Wäsche noch mit der Hand wuschen, hätte er das nicht so ungestört tun können. Zwar erinnern auch heute Schilder an die Leinenpflicht und es ist immer noch ungern gesehen, wenn Hunde sich hier erleichtern. Aber damals wäre das Tier mit Schimpf und Schande von den Harheimerinnen verjagt worden, die hier, auf dieser Wiese, ihre Wäsche eben deshalb ausbreiteten, damit die frisch gewebten Stücke in der Sonne leuchtend weiß wurden. Gelbes Hundepipi auf den blütenweißen Bahnen hätte sich da ganz und gar nicht gut gemacht! „Das alles hier war Bleiche", sagt Dr. Dagmar Wendler, ehemalige Ortsvorsteherin von Harheim. „Von der Straße hier vorne an der Brücke bis zum Kapellchen hat die Bleiche gereicht", erklärt sie und macht eine weit ausholende Bewegung über die Fläche, die früher komplett eingezäunt war.

Gebleicht wurden frisch gewebte Stoffe, was nötig war, da frischgewebtes Leinen zunächst nicht weiß ist. Die Leinenbahnen hatten oft eine Länge von 25 Metern und wurden auf der sonnenbeschienenen Bleiche so lange mit Wasser begossen, bis ihre graue Farbe weiß geworden war. Geringe Mengen Wasserstoffperoxid, das eigentliche Bleichmittel, entstehen durch die Zusammenwirkung von Sonnenstrahlen, dem Wasser und dem abgegebenen Sauerstoff der Gräser. Aber gut Ding will Weile haben, deshalb brauchte dieser chemische Prozess etwas Zeit. Und da das natürlich keine einsame Arbeit war, denn auf der Bleiche trafen sich die Frauen des ganzen Dorfes, bot sich hinreichend Gelegenheit für ausführliche Gespräche.

Warum ausgerechnet in Harheim so viel Leinen gebleicht werden musste, hat einen ganz einfachen Grund: „Damals stand fast in jedem Haus ein Webstuhl. Ab 1661 betrieben die Harheimer nebenberuflich, und nachweislich einige auch hauptberuflich, die Leinenweberei",

Dr. Dagmar Wendler weist dort hin, wo die Frauen einst die Stoffe bleichten.

sagt Dagmar Wendler. 1809 schrieb noch der Vilbeler Pfarrer Brunner, dass viele Harheimer wegen der im 21 Kilometer entfernten Friedrichsdorf und Dornholzhausen wohnenden Textilfabrikanten an ihren Webstühlen beschäftigt seien. In den Vortaunus-Orten färbte die „französische Kolonie", Hugenotten, die wegen ihres Glaubens aus Frankreich fliehen mussten, Leinen und Wolle: blau mit Indigo und rot mit Blut- oder Schildläusen.

„Damals stand fast in jedem Haus ein Webstuhl. Ab 1661 betrieben die Harheimer nebenberuflich, und nachweislich einige auch hauptberuflich, die Leinenweberei."

Und der Leinenweber schließlich saß 12 bis 13 Stunden täglich an seinem Webstuhl. So sorgten viele Landwirte für einen Nebenverdienst, wenn die Weberei nicht sogar ihr Hauptverdienst war. Lange schon sind die Zeiten vergangen, in denen sich die Harheimerinnen beim Leinenbleichen austauschen konnten. Doch auch heute ist die Kommunikation rege: „Das Miteinander funktioniert hier so gut, das ist wie eine große Familie", sagt Dagmar Wendler. Auch ohne Wäsche auf den Bleichwiesen.

Eva-Maria Bast

So geht's zur Wiese:

Sie erstreckt sich im Stadtteil Harheim zwischen der Straße „Zur Untermühle" und dem Fluss.

*Vier Steine, in die die Buchstaben OK einge-
meißelt sind, befinden sich am Römerberg.
Sören Appuhn zeigt einen davon.*

48

OK-Steine

Rätselhafte Pflastersteine auf dem Römerberg

A m Römer gibt es viel zu sehen: Da ist das prächtig verzierte Rathaus, die altehrwürdige Nikolaikirche, der Gerechtigkeitsbrunnen. Hier ist immer etwas los, und meistens sind so viele Fußgänger unterwegs, dass man seine Augen offenhalten muss, um nicht in jemanden hineinzulaufen. Richtet man dennoch den Blick auf den Boden, hat man die Chance, einen Pflasterstein zu sehen, der nicht ist wie die anderen, denn er trägt eine Inschrift: *OK* steht in Großbuchstaben darauf. Das heiße weder

„okay", noch seien es Initialen einer Frankfurter Persönlichkeit, erklärt Gästeführer Sören Appuhn, der den Bereich vor der Alten Nikolaikirche nach einem solchen Stein absucht. Er sagt: „OK steht für Ochsenküche." Und wo soll diese Ochsenküche sein? Appuhn: „Es sind insgesamt vier mit OK gekennzeichnete Steine hier auf dem Platz, die in etwa ein Rechteck markieren sollten. In diesem markierten Bereich wurde für die Kaiserkrönungen über zwei Jahrhunderte hinweg die Ochsenküche aufgebaut, in der für das Volk Ochsen am Spieß gebraten wurden."

Es ist nicht so, dass die Frankfurter mit Freibier und Ochsenfleisch am Spieß versorgt wurden. Doch es gab von 1562 bis 1792 immerhin zehn Kaiserkrönungen in der Stadt – zu diesen Gelegenheiten ließen sich die Veranstalter nicht lumpen. Bei der zweiten Kaiserkrönung, die 1612 stattfand, sei die Stadt großzügig gewesen, erzählt Appuhn: „Es wird berichtet, dass Wein aus dem Gerechtigkeitsbrunnen kam, roter und weißer – getrennt interessanterweise! – und es gab für das leibliche Wohl Ochsen, die am Spieß gebraten wurden." Zu den Königswahlen und Kaiserkrönungen kamen die Kurfürsten mit ihrem Gefolge, weitere Gesandtschaften sowie sehr viele Schaulustige nach Frankfurt, sie wurden davon sozusagen magnetisch angezogen. Zum einen gab es ein ausgedehntes gesellschaftliches Leben und zum anderen musste für die Sicherheit, Unterbringung und Verköstigung der Gäste gesorgt werden – eine solche Veranstaltung kostete daher sowohl den zu Krönenden als auch den Krönungsort viel Geld. Und das gefiel nicht jedem.

OK steht für Ochsenküche. Mitten auf dem Römerberg.

Frankfurt war eine freie Reichsstadt. Das heißt, der Rat der Stadt stellte die Regierung, deren Handeln und Beschlüsse wurden von den Zünften aber kritisch verfolgt. In der Zunft der Fettkrämer war Vinzenz Fettmilch (um 1570-1616), ein

Lebkuchenbäcker und radikaler Wortführer des Zunfthandwerks, Mitglied. Er kam nicht aus Frankfurt, aber er hatte eine Frankfurterin geheiratet und damit das Bürgerrecht erworben. Fettmilch sah sich an, wie die Stadt waltete und wirtschaftete und stieß auf die enormen Kosten, die durch die Kaiserkrönung hervorgerufen wurden. Er fragte sich, wo eigentlich das Geld dafür herkomme, und verlangte, in die Kassenbücher schauen zu dürfen, was der Rat der Stadt aber nicht zuließ. „Aus gutem Grunde, denn da waren nur rote Zahlen drin", erklärt Appuhn. „Also wurden die erst einmal geschlossen gehalten. Vinzenz Fettmilch hatte aber eine große Gefolgschaft, die gegen die hohen Kosten angehen wollte."

„Aus gutem Grunde, denn da waren nur rote Zahlen drin. Also wurden die erst einmal geschlossen gehalten. Vinzenz Fettmilch hatte aber eine große Gefolgschaft, die gegen die hohen Kosten angehen wollte."

Die bestand aus Bürgern, hauptsächlich Handwerkern, die neben der Offenlegung der städtischen Privilegien weitere Forderungen hatten, wie zum Beispiel Zinssenkungen. Als der Rat nicht reagierte, stürmten die Handwerker unter Vinzenz Fettmilch den Römer und hielten Ratsherren vom 5. bis 8.5.1614 in der Ratsstube fest. „Das war natürlich dem Kaiser wiederum nicht recht. Schließlich war Frankfurt als freie Reichsstadt dem Kaiser untergeben, und da die Regierung festzunehmen – das ging nicht", sagt Sören Appuhn. Ein Gesandter des Kaisers erwirkte die Freilassung des Rates der Stadt und „verkündete die Order, dem alten Rat sei Gehorsam zu leisten und die Bürger hätten sich von den Aufständischen fernzuhalten", wie Erich Helmensdorfer schreibt. Ab dann ging alles vermeintlich seinen gewohnten Gang – aber unter der Oberfläche brodelte es.

Vinzenz Fettmilch war weiterhin aktiv, doch nun stand er selbst unter Beobachtung. Wenige Monate später machte er wieder gewaltig Stimmung – allerdings in eine ganz andere Richtung: gegen die jüdische Bevölkerung. Die Juden lebten getrennt von der christlichen Bevölkerung in der Judengasse, und die war zum damaligen Zeitpunkt ganz und gar überfüllt. Fettmilch lancierte das Gerücht, dass die jüdischen Bankiers einen Zins von sage und schreibe zwölf Prozent für ihre Kredite nehmen würden. Sechs Prozent waren erlaubt. Die Stimmung kochte hoch. Am 22. August 1614 führte Fettmilch den Sturm auf die Judengasse an. Die Juden wurden aus ihren Häusern vertrieben, die Gebäude teilweise zerstört und geplündert.

Später kamen die Juden unter kaiserlichem Schutz zurück. „Vinzenz Fettmilch hat erst mal wieder seine Lebkuchen gebacken. Der Rat der Stadt hat sich zusammengesetzt, um zu überlegen, wie man Fettmilch bestrafen könne. Auf einmal war man sehr kreativ, hat verschiedenste Taten zusammengetragen. Unterm Strich stand die Todesstrafe", berichtet Sören Appuhn.

Es gab zwei Hinrichtungsorte in Frankfurt: die Hauptwache und den Rossmarkt. Auf letzterem wurde Fettmilch Ende Februar 1616 gerichtet. Es war ein Schauprozess. Zwei seiner Finger trennte man ab, dann wurden ihm und seinen drei engsten Helfern die Köpfe mit dem Schwert abgeschlagen. Nachdem er mit Hilfe von vier Pferden gevierteilt worden war, wurden die vier Teile am Galgen aufgehängt, der im Westen der Stadt stand. Das diente der Abschreckung. Die Köpfe von ihm und seinen Helfern wurden auf der Alten Brücke auf Eisenstangen an dem Brückenturm aufgespießt. Auf der Frankfurter Seite, zum Main hin schauend, „begrüßten" sie von 1616 bis 1802 jeden, der von Sachsenhausen her kam.

Zur Zeit von Johann Wolfgang von Goethe (1749-1832) muss noch ein Schädel vorhanden gewesen sein. Heute ist er nicht mehr erhalten. Sören Appuhn sagt: „Aber den Platz, auf dem die Ochsenküche sich befand, kann man anhand der vier OK-Steine im Pflaster finden. Man muss nur ein bisschen suchen."

Julia Rieß

....

So geht's zu den OK-Steinen:

Auf dem Römerberg vor der Alten Nikolaikirche sind die vier OK-Steine in einem Rechteck angeordnet.

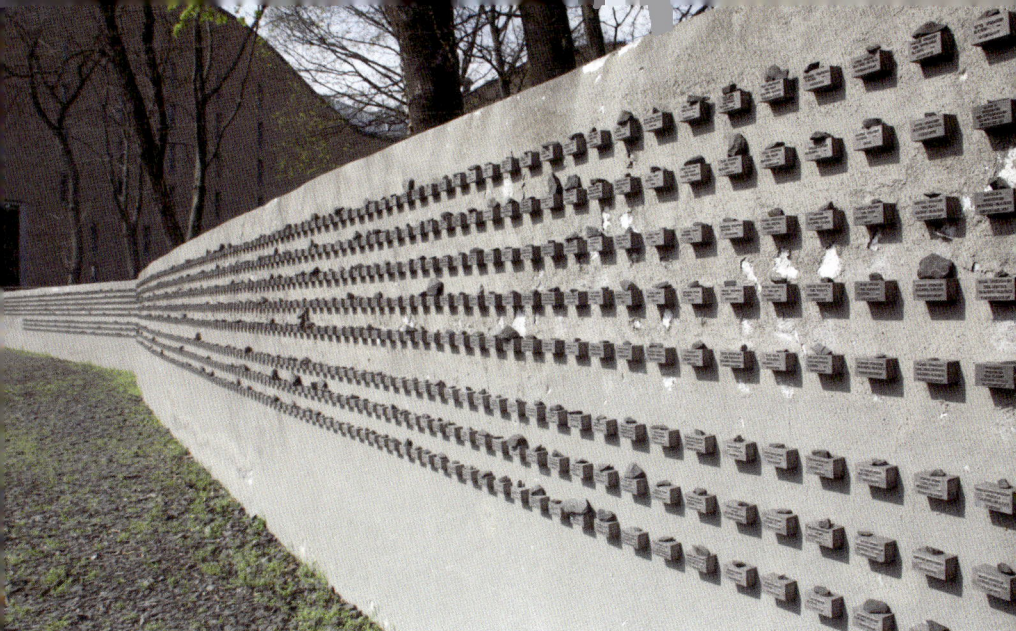

11.957 Namen. 11.957 Mal unendliches Leid.

49

Gedenkmauer

„Und die Leute sind dagestanden. Nachdenklich."

D ie Mauer ist lang und zieht sich als helles Band über den Platz. Unzählige kleine, viereckige Metallblöcke sind daran angebracht. Auf manchen Blöcken liegen Steine. Steine des Gedenkens für die, deren Namen dort auf den Blöcken geschrieben stehen. Unzählige sind es. Unzählige Namen für unzählige grauenhafte Schicksale. Der Platz vor der Mauer ist dreckig, Müll liegt herum. Doch es stehen auch Bäume dort, die ihre Blüten abwerfen, sie vor der Mauer auf dem Schotter verstreuen. Schotter lag auch zwischen den Gleisen, die in den Tod führten: Die Mauer erinnert an den Holocaust, ist Teil der Gedenkstätte Neuer Börneplatz, auf ihrer anderen Seite liegt der Alte Jüdische Friedhof von 1180. Hier, am

Neuen Börneplatz, stand einst eine Synagoge. Die Nationalsozialisten haben sie niedergebrannt in der Nacht des 9. November 1938, die sie „Reichskristallnacht" nannten.

Der von vielen hoch verehrte Frankfurter Kommunalpolitiker Ernst Gerhardt, von 1978 bis 1989 Stadtkämmerer, der mehr als 30 Jahre für die Stadt tätig war, kann sich noch ganz genau erinnern. Wenn er davon spricht, dann schwankt die Stimme des über 90-Jährigen, dann muss er innehalten. „Das geht mir heute noch nah", sagt er nach einem Moment der Stille. Und erzählt. Erlebt hat er nur die ersten Jahre der Judenverfolgung in Frankfurt, 1939 bis 1941, anschließend musste er in den Krieg, zur Marine. Und was kann er denn erzählen, fragt er, außer dem Erlebnis dieser Nacht? „Die Frankfurter haben viel zu wenig gewusst, lange Zeit zumindest." Aber am 9. November 1938, da liegt eine komische Stimmung über der Stadt am Main. Ernst Gerhardt ist noch in der Ausbildung bei der Braun-AG. „Und dann kam mein Ausbilder und erzählte, was in der Stadt gerade passiert." Der junge Mann setzt sich auf sein Fahrrad und fährt hin. Die Stille, die er erlebt, ist beklemmend. Jubelrufe, sagt er, gab es keine, kein Gegröle, auch wenn das den Deutschen immer unterstellt werde. Nur Stille. Bleierne, beklemmende Stille. „Und die Leute sind dagestanden. Nachdenklich." Neben Gerhardt steht sein Nachbar. „Und ich weiß noch, wie ich zu ihm sagte: Die löschen ja gar nicht. Die bespritzen ja nur die Nachbarhäuser. Und da hat er mich angeguckt und hat gesagt, das ist wohl so geplant. Und dann bin ich nach Hause gefahren", sagt er und schluckt hart. „Das rührt mich heute noch an."

Ernst Gerhardt braucht eine Weile, bis er weitererzählen kann. Von dem jüdischen Arzt, der ihn immer so zuverlässig pflegte: „Sogar aus der Oper ist er gekommen, als ich Scharlach hatte." Er erzählt davon, dass er ihn nach dem Krieg nie suchte. Dass es nun zu spät ist. Und dass er sich das bitter vorwirft. Von den Erlebnissen als Soldat bei der Marine-Flak in Kiel will er nicht sprechen, aber von seinem Eltern-

„Und ich weiß noch, wie ich zu ihm sagte: Die löschen ja gar nicht. Die bespritzen ja nur die Nachbarhäuser. Und da hat er mich angeguckt und hat gesagt, das ist wohl so geplant. Und dann bin ich nach Hause gefahren."

haus erzählt er. Von der Mutter, die eine „überzeugte Zentrumsfrau" war, von den drei Buben, die sie einst waren. Davon, dass er sich immer weigerte, in die Hitlerjugend einzutreten. „Ich war ein großartiger Schüler und hatte glänzende Zeugnisse. Der Lehrer hat mich vermitteln wollen in ordentliche Lehrstellen bei Spitzenfirmen." Zu vielen Vorstellungsgesprächen hat man ihn eingeladen. „Doch dann haben sie gefragt: Bist du in der Hitlerjugend? Und da habe ich gesagt: Nein. Und dann kamen die Absagen. Und dann hat der Lehrer gesagt, aber jetzt musst du in die Hitlerjugend gehen. Und da habe ich gesagt: Nein, das mache ich nicht."

Bei der Braun-AG, in der der Frankfurter schließlich 25 Jahre lang arbeitete und bis zum Prokuristen aufstieg, hat er mehr Glück. Man vergisst zunächst, ihn nach der Hitlerjugend zu fragen. Als die Frage dann doch kommt, ist er bereits drei Monate Auszubildender. „Der Personalchef forderte mich auf, in die Hitlerjugend zu gehen. Ich sagte nein." Gerhardt blieb. Bis er 1978 Stadtkämmerer wurde.

Nun spricht er wieder von den Juden, von Scham und Schuld und davon, dass so etwas nie wieder geschehen dürfe. Was kann man tun, wenn die Erinnerung verblasst und Zeitzeugen sterben? Was tun, wenn all

Ernst Gerhardt erinnert sich an die Nacht, in der die jüdische Synagoge brannte.

überall rechtskonservative Regierungen an die Macht kommen?

Orte der Erinnerung zu schaffen, ist zumindest ein Versuch, all das dem Vergessen zu entreißen. Orte der Erinnerung wie der Neue Börneplatz und die 11.957 Gedenksteine darauf, die an jüdische Frankfurter erinnern. Ein Stein für eine sehr bekannte Frankfurterin ist darunter, Anne Frank. Und einer für den Jungen Hans Helmut Michel, dessen Lebensgeschichte die Grundlage für den Film „Auf Wiedersehen, Kinder" (Au revoir, les enfants) bildete. Dann noch ein unbeschrifteter Stein für all jene, deren Schicksale unbekannt und vergessen sind. Jene, die ihre Namen und ihre Identität in diesem grauenhaften Krieg ließen, in den Konzentrationslagern, wohin man sie zu Tausenden brachte.

Am 19. Oktober 1941 begannen die Deportationen, sie dauerten bis zum 15. März 1945. Man „transportierte" die Frankfurter Juden zum Sammelplatz „Keller Markthalle", 1180 Kinder, Frauen und Männer wurden an jenem 19. Oktober 1941 ins Ghetto Litzmannstadt gebracht. Vorher hatten sie noch genaue Angaben über ihr Vermögen machen müssen. Der SA-Standortführer versicherte: „Hierzu stellt die SA 250 ordentliche, handfeste SA-Männer." In der Aktennotiz ist weiter vermerkt: „Abtransport von 1000 Juden am Sonntag, den 19. Okt. 1941 von Frankfurt/Main nach Ghetto Litzmannstadt." Und: „Anzug: Uniform mit Pistole, Mantel, Brotbeutel. Antreten: Vormittags, 5.30 Uhr vor dem Haupteingang Palmengarten." Zwei Tage dauert die Fahrt, am 21. Oktober 1941 um 13.36 Uhr trifft der Zug mit den Frankfurter Juden auf dem Bahnhof Radegast in Lodz ein. Nur drei der Menschen aus diesem allerersten Transport werden zurückkehren.

So viele Schicksale, so viele Leben, die nicht gelebt werden durften. So viel Leid. Und auch das ist Gedenken: Nahe der Mauer befindet sich eine Niederlassung des Jüdischen Museums mit einer umfangreichen Datenbank und Biografien von rund 12.600 Frankfurter Juden, die im Holocaust ermordet wurden – lange nicht alle Geschichten finden sich hier, viel mehr Menschen mussten ihr Leben lassen. Genau deshalb ist der *leere* Gedenkstein so wichtig.

Wer nach jüdischer Tradition einen Stein aufhebt von diesem Ort der Erinnerung und ihn auf einen der Blöcke legt, der tut das für all die vielen ermordeten Frankfurter Juden.

Eva-Maria Bast

So geht's zur Gedenkmauer:

Die Gedenkstätte „Neuer Börneplatz" liegt zwischen der Battonnstraße, der Kurt-Schumacher-Straße, der Rechneigrabenstraße und der Langen Straße. Die Mauer begrenzt den Alten Jüdischen Friedhof.

Kleine Glocken als Stellvertreter
für die ganz großen.

50

Glöckchen

Harmonisches Geläut und eine Diebesbande

H übsch sehen sie aus, die kleinen Glöckchen, die über dem Eingang zum Domturm hängen. Aber was haben sie für einen Sinn? Können sie überhaupt läuten? Der Frankfurter Historiker Alexander Ruhe weiß es: „Das sind die Musterglocken, die die Glockenmacher dem Küster als Geschenk mitbringen, wenn sie etwas zu reparieren haben. Sie können nicht läuten, sie sind nur dazu da, hübsch auszusehen." Er weiß auch, was die kleinen Musterglocken – und vor allem auch die großen hoch oben auf dem Dom – mit dem kleinen Häuschen zu tun haben, das schräg vor dem Turmeingang steht. „Dort wohnten die Männer, die man für's Glockenläuten brauchte", erklärt er. „Für das Stundengeläut waren acht Mann nötig, die die Glocken schlugen. Und die hat man in dem kleinen Pfortenhäuschen untergebracht." Ganz unproblematisch sei das aber nicht immer gewesen: „Die wurden so schlecht bezahlt, dass die Mannschaft, die 1910 hier

179

untergebracht war, zu einer Diebesbande wurde", erzählt Ruhe. „Sie
haben viele Einbrüche in der Altstadt verübt und die Altstadtbewohner
in Angst und Schrecken versetzt." Allzu lange habe die Diebesbande
allerdings ihren finsteren Machenschaften nicht nachgehen können:
„Man kam ihnen schnell auf die Schliche, hat sie verhaftet und ins
Gefängnis gesteckt. Der Pförtner des Doms hatte als Hehler fungiert, er
wurde zu zwei Monaten Gefängnis verurteilt. Straferschwerend wurden
ihm die 25 Jahre Pensionsansprüche als Dompförtner gestrichen."

Doch zurück zu den Glocken: „Wenn beim großen Stadtgeläut alle
neun Glocken des Doms gleichzeitig läuteten, zum Beispiel am Heiligen
Abend, dann reichten die acht Männer, die normalerweise die kleineren
Glocken etwa zum Gottesdienst läuten, natürlich nicht aus. Dafür wurden 43 starke Männer gebraucht", sagt Alexander Ruhe. Das große Stadtgeläut mit circa 50 Glocken in der ganzen Stadt, das heute noch erklingt
– allerdings elektrisch betrieben – ertönte jedoch nur vier Mal im Jahr,
sodass jeweils Taglöhner geholt wurden.

Die Tradition, vier Mal im Jahr 30 Minuten lang alle Glocken der Stadt

zu läuten, gibt es in Frankfurt seit
1856. Der Senat hatte am 6. Mai 1856
beschlossen, dass „inskünftig an den
hohen Festen: Ostern, Pfingsten und
Weihnachten jeweils am Abend vorher von 5-6 Uhr, als auch am ersten
Festtage Morgens von 7 bis 8 Uhr ein
allgemeines Geläute durch sämtliche
Glocken stattzufinden" hat. Die Glocken läuten am Samstag vor dem
Ersten Advent, am Karsamstag und
am Samstag vor Pfingsten jeweils um
16.30 Uhr und an Heiligabend um
17 Uhr sowie an Silvester um Mitter-
nacht für eine Viertelstunde.

*Alexander Ruhe weiß: Hier haben einst die
Glockenläuter gewohnt.*

Den Brauch, bei besonderen Gele-
genheiten alle Glocken der Stadt zu läuten, gibt es in Frankfurt aber
schon viel länger. „Es ist aber keineswegs so, dass die Glocken, die
wir heute hören, aus dem 14. Jahrhundert sind", sagt der Historiker.

„Allein schon die Domglocken wurden ja beim Brand 1867 zerstört. Die neun Glocken, die heute im Dom hängen, sind aus dem Jahr 1877." Allerdings tragen sie ihre Vorgänger gewissermaßen in sich: Ein kleiner Teil der beim Brand zerstörten Glocken wurden eingeschmolzen und wiederverwendet. Außerdem wurden aus der geschmolzenen Bronze Kunstobjekte gegossen und zur Finanzierung des Wiederaufbaus des Doms verkauft.

Das Domgeläute ist gewissermaßen ein Triumphgeläut, denn es wurde auch Material aus den Geschützen verwendet, die man 1870/71 von den französischen Gegnern erbeutet hatte. Ob Kaiser Wilhelm I. (1797-1888) das wusste und es als Triumphläuten empfand, als das Stadtgeläut mit den neuen Domglocken erstmals an seinem 81. Geburtstag, dem 22. März 1878, erklang?

Auch die beiden Weltkriege hatten natürlich Auswirkungen auf das Frankfurter Stadtgeläut. Wie so viele Glocken im ganzen Deutschen Reich wurden etliche eingeschmolzen und zu Granaten gemacht, oder im Bombenhagel zerstört. „Die Domglocken wurden aber nicht beschädigt oder eingeschmolzen. Man hatte sie natürlich auch an die Reichsstelle für Metalle abliefern müssen, fand sie aber nach dem Krieg auf dem Hamburger Glockenfriedhof wieder", sagt Ruhe.

Neue Töne wurden in Frankfurt 1954 angeschlagen, als die Stadt den Mainzer Glocken- und Orgelsachverständigen Paul Smets (1901-1960) und den Glockengießer Fritz Rincker (1895-1969) beauftragte, im Zuge des Wiederaufbaus auf der Grundlage der Domglocken ein harmonisches Gesamtgeläut zu konzipieren. Vorher waren die Glocken nicht aufeinander abgestimmt gewesen.

Seither klingen sie harmonisch über der Stadt. Wenn das große Stadtgeläut ertönt – erst dann ist für viele Frankfurter wirklich Ostern. Oder Pfingsten. Oder Advent. Oder eben: Heiligabend!

Eva-Maria Bast

....

So geht's zu den Glöckchen:

Sie hängen über dem Eingang des Domturms am Weckmarkt.

Quellen, Literatur, Bildnachweis

Alt-frankfurt.de: „Das Hexenplätzchen am westlichen Ende der alten Mainzergasse und eine alte Sage". URL: http://alt-frankfurt. de/2016/06/14/das-hexenplaetzchen-am-westlichen-ende-der-alten-mainzergasse-und-eine-alte-sage/. Abgerufen am 10.05.2017.

Altfrankfurt: „Nürnberger Hof". URL: http://www.altfrankfurt.com/Altstadt/DomWest/NuernbergerHof. Abgerufen am 14.05. 2017.

Andernacht, Dietrich: „Knoblauch, Jakob". In: Neue Deutsche Biographie (NDB). Band 12. Berlin 1980, S. 194 (Digitalisat).

Anemüller, Bernhard: „Günther XXI. von Schwarzburg". In: Allgemeine Deutsche Biographie (ADB). Band 10. Leipzig 1879, S. 133-137.

Bauer, Thomas: „Fettmilch, Vinzenz. Aufrührer". In: Frankfurter Personenlexikon (Onlineausgabe). URL: http://frankfurter-personenlexikon.de/node/2169. Abgerufen am 10.05. 2017.

Berger, Ruth: Gretchen. Ein Frankfurter Kriminalfall. Reinbek 2007.

Berkemann, Karin: Nachkriegskirchen in Frankfurt am Main (1945-76).

Denkmaltopographie Bundesrepublik Deutschland: Kulturdenkmäler in Hessen. Stuttgart 2013.

Beschluß Nr. 566 des Senats der Freien Stadt Frankfurt auf gemeinschaftlichen Bericht des evangelisch-lutherischen Consistoriums, der katholischen Kirchen- und Schulcommission und des Polizei-Amtes. Protokolle des Großen Rats, zitiert nach Konrad Bund: Das Große Frankfurter Stadtgeläute. In: Konrad Bund (Hrsg.): Frankfurter Glockenbuch. Frankfurt am Main1986.

Beseler, Hartwig; Gutschow, Niels: Kriegsschicksale Deutscher Architektur – Verluste, Schäden, Wiederaufbau – Band 2. Neumünster 1988, S. 812.

Birkner, Siegfried: Das Leben und Sterben der Kindsmörderin Susanna Margaretha Brandt. Nach den Prozeßakten dargestellt. Frankfurt 1973.

Bohmert, Friedrich: Hauptsache sauber? Vom Waschen und Reinigen im Wandel der Zeit. Würzburg 1988.

Bundeszentrale für politische Bildung: „Vorparlament und Paulskirche". URL: https://www.bpb.de/izpb/9879/vorparlament-und-paulskirche?p=all. Abgerufen am 08.05. 2017.

Denkmalamt Frankfurt: 16. Faltblatt zur Geschichte der Frankfurter Stadtbefestigungen. Frankfurt 2013.

Dierichs, Helga: „Rosemarie Nitribitt – Tod einer Hure". In: Helfried Spitra (Hrsg.): Die großen Kriminalfälle. München 2003, S. 36-59.

Dietz, Alexander: Frankfurter Handelsgeschichte. Frankfurt am Main 1910-1925. (5 Bände)

Feuerwehrgeschichts- und Museumsvereins Frankfurt am Main e.V.: Museums-Depesche. Der Frankfurter Feuertelegraph, Ausgabe Nr. 20, Dezember 2014.

Fichard, Johann Carl von: Die Entstehung der Reichsstadt Frankfurt am Main, und der Verhältnisse ihrer Bewohner. Frankfurt am Main 1819.

Frankfurt.de: „Maurisches Haus". URL: www.frankfurt.de. Abgerufen am 07.05. 2017.

FAZ: „Ernst Gerhardt". URL: http://www.faz. net/aktuell/rhein-main/ernst-gerhardt-weise-geworden-frisch-geblieben-11978731-p2.html. Abgerufen am 15.05. 2017.

Frankfurter Neue Presse, Jro: „Auf dem Mausoleum spielen". Ausgabe vom 12.12. 2012. URL: http://www.fnp.de/lokales/frankfurt/Auf-dem-Mausoleum-spielen; art675,206033. Abgerufen am 11.05. 2017.

Friederichs, Heinz F.: „Die Familie Knoblauch". In: Frankfurter Patrizier im 12.-14. Jahrhundert, Heft 2. Frankfurt 1958, S. 21-31.

Goethe, Johann Wolfgang von: Dichtung und Wahrheit. Hamburger Ausgabe, Band 9. München, 8. Aufl. 1978, S. 17, 150.

Goethe, Johann Wolfgang von: Faust I., Vers 4590-4594.

Goethehaus Frankfurt. URL: http://www.goethehaus-frankfurt.de/goethehaus. Abgerufen am 21.04. 2017.

Greif, Jean-Jacques: Mozart. München 2003, S. 30.

Grotefend, Hermann: Quellen zur Frankfurter Geschichte, Bd. 2: Chroniken der Reformationszeit nebst einer Darstellung der Frankfurter Belagerung von 1552. Frankfurt a.M. 1888.

Haberland, Eike: „Ludolf, Hiob". In: Neue Deutsche Biographie (NDB). Band 15.Berlin 1987, S. 303 f. (Digitalisat).

Habermas, Rebekka (Hrsg.): Das Frankfurter Gretchen. Der Prozeß gegen die Kindsmörderin Susanna Margaretha Brandt. München 1999.

Hartmann, Georg; Lübbecke, Fried (Hrsg.): Alt-Frankfurt. Ein Vermächtnis. Glashütten 1971, S. 72-77.

Häußler, Bernd: Der Naturapostel bietet in den Altstadtkneipen seine Liebe an. Das dichtende und politisierende Frankfurter Original Karl Waßmann. In: FAZ vom 30.12. 1985.

Heepenstrick, Hans-Werner: Die Sünde kam aus der Provinz. Rhein-Zeitung, Ausgabe Koblenz vom 12. Dezember 1996.

Helmensdorfer, Erich: Frankfurt – Metropole am Main. Düsseldorf – Wien 1982, S. 41, 43 f., 51-53, 61, 84-89.

Hock, Sabine: Belagerung der Stadt Frankfurt am Main im „Fürstenkrieg". Frankfurt am Main 2001.

Hock, Sabine: „Bozzini, Philipp". In: Frankfurter Personenlexikon (Onlineausgabe). URL: http://frankfurter-personenlexikon.de/node/1848. Abgerufen am 20.04. 2017.

Hock, Sabine: „Voltaire verhaftet man nicht". In: Wochendienst, hg. v. Presse- und Informationsamt der Stadt Frankfurt am Main, Nr. 19 vom 20.05.2003. URL: http://www.sabinehock.de/publikationen/tagespresse/archiv/tagespresse_072.html. Abgerufen am 08.05. 2017.

Hock, Sabine: „Waßmann, Karl". In: Frankfurter Personenlexikon (Onlineausgabe). URL: http://frankfurter-personenlexikon.de/node/1679. Abgerufen am 03.05. 2017.

Hoheisel, Erwin: „Das Frankfurter Domgeläute – einst und jetzt". In: Almanach '77, Jahrbuch für das Bistum Limburg. Limburg 1977, S. 106-108.

Holmsten, Georg: Friedrich II. , Hamburg 1969, S. 92-95.

Internationale Nitze-Leiter-Forschungsgesellschaft für Endoskopie: „Der Lichtleiter des Philipp Bozzini". URL: https://www.nitze-leiter-endoskopie.at/startseite/der-lichtleiter-des-philipp-bozzini. Abgerufen am 22.04. 2017.

Jüdisches Museum Frankfurt am Main (Hrsg.): Hanns Ludwig Katz 1892-1940, Ausstellungskatalog 18. März - 8. Juni 1992, Kunsthalle in Emden/Stiftung Henri Nannen, 21. Juni - 23. August 1992. Köln 1992.

Jung, Rudolf: „Knoblauch, Jakob". In: Allgemeine Deutsche Biographie (ADB). Band 51. Leipzig 1906, S. 255 f.

Katholisch: „Held am Rand". URL: http://www.katholisch.de/aktuelles/aktuelle-artikel/held-am-rand. Abgerufen am 09.05. 2017.

Kirchner, Anton: Geschichte der Stadt Frankfurt am Main. Frankfurt 1807, S. 538.

Kuby, Erich: Das Mädchen Rosemarie. Liebe, Leben und Tod des Callgirls Rosemarie Nitribitt. Reinbek 1998.

Kutscher, Vollrad: Zeitwerke. URL: http://
www.vollrad-kutscher.de/zeitwerke/z_
europan.html. Abgerufen am 26.04. 2017.

Lins, Sylvia: „Liebfrauen. Kirche mitten in
der Stadt: Das Werden von Liebfrauenkirche
und -kloster". URL: http://www.liebfrauen.
net/page.php?akt=musikkunstkultur_
kunstundgeschichte_lfgeschichte&k1=main
&k2=musikkunstkultur&k3=kunstundgeschi
chte&k4=lfgeschichte&lang. Abgerufen am
19.04. 2017.

Lübbecke, Fried: Das Antlitz der Stadt. Nach
Frankfurts Plänen von Faber, Merian und
Delkeskamp. 1552-1864. Frankfurt am Main
1952.

Mack, Ernst: Die Frankfurter Familie von
Weinberg. Im Zeichen der
Kornblumenblüten. Heimat- und
Geschichtsverein Schwanheim e.V.,
Schwanheim 2000.

Mahnmal Homosexuellenverfolgung. URL:
http://www.frankfurter-engel.de/home.html.
Abgerufen am 13.05. 2017.

Museums-Depesche. Informationsschrift des
Feuerwehrgeschichts- und Museumsvereins
Frankfurt am Main e.V. Ausgabe 09/2011.
Frankfurt am Main 2011.

Neeb, Ursula: „Vom Frauengäßchen zum
Rotlicht-Bezirk". In: Stubenvoll, Willi (Hrsg):
Die Straße. Geschichte und Gegenwart eines
Handelsweges. Frankfurt am Main 1990, S.
259-276.

Opitz, Gottfried: „Günther, Graf von
Schwarzburg-Blankenburg". In: Neue
Deutsche Biographie (NDB). Berlin 1966. S.
263 (Digitalisat).

Peterskirchhof: „Goethe-Gräber". URL:
http://www.peterskirchhof.de/pk-04-
historie-06-goethe-graeber.html. Abgerufen
am 07.05. 2017.

Plaga, Corinne: „Spielen auf der Gruft".
Frankfurter Rundschau vom 12.12.2012.
URL: http://www.fr.de/frankfurt/ostend-
spielen-auf-der-gruft-a-783416. Abgerufen
am 11.05. 2017.

Quilling, Fritz: Führer durch das Städtische

Historische Museum zu Frankfurt a. M.
Frankfurt 1902.

Regesta Imperii: „Gerlach von Nassau (1346-
1371). RIplus Regg. EB Mainz Abt.2, Bd.1 n.
2006". URL: http://www.regesta-imperii.de/
id/dd31f6ca-8a00-4f5f-9746-340fbcca5b0c.
Abgerufen am 11.05. 2017.

Rhein-Main_Wiki: „Liebfrauenkirche
Frankfurt". URL: http://www.rhein-main-
wiki.de/index.php?title=Liebfrauenkirche_
Frankfurt. Abgerufen am 27.05. 2017.

Rhein-Main-Wiki: „Philipp Heinrich Fleck".
URL: http://www.rhein-main-wiki.de/index.
php?title=Philipp_Heinrich_Fleck.
Abgerufen am 11.05. 2017.

Ruhe, Alexander: „Friedrich August Müller-
Rentz, der Lauscher an der Wand". In:
Frankfurter Zeitungs-Archäologie, Frankfurt
2011. URL: http://www.fws-ffm.de/Mueller-
Rentz.htm. Abgerufen am 10.03. 2017.

Ruhe, Alexander: „Der Frankfurter
Querulant Karlchen Waßmann". März 2012.
In: Frankfurter Zeitungs-Archäologie. URL:
www.fws-ffm.de. Abgerufen am 13.04. 2017.

Schauroth, Helene von: Lina v. Schauroth –
Eine Frankfurter Künstlerin. Frankfurt am
Main 1984.

Schembs, Hans-Otto: Der Börneplatz in
Frankfurt am Main. Ein Spiegelbild jüdischer
Geschichte. Frankfurt am Main 1987.

Schembs, Hans-Otto: Spaziergang durch die
Frankfurter Geschichte. Frankfurt am Main
2002, S. 79-81.

Schlick-Bamberger, Gabriela: „Die Mutter
des Rabbiners". In: Jüdische Allgemeine vom
09.05.2013. URL: www.juedische-allgemeine.
de/article/view/id/15901. Abgerufen am
23.04. 2017.

Schwarz, Walter: Das Kochkunstmuseum in
Frankfurt am Main. Frankfurt am Main
1989.

Stadt Frankfurt am Main: Das Leinwandhaus
zu Frankfurt am Main, Frankfurt am Main
1984.

Stadt Frankfurt am Main (Hrsg.):
Gedenkstätte Neuer Börneplatz Frankfurt
am Main. Stuttgart 2001.

Traut, Hermann: Der Römer und die neuen
Rathausbauten in Frankfurt am Main.
Frankfurt 1924.

Tutsch, Josef: „Wenn die Taube aus dem
Heiliggeistloch niedergelassen wird: Das
Pfingstfest in Glaube, Kunst und Brauchtum".
In: scienzz magazin, 5. Juni 2014. URL:
http://www.scienzz.de/magazin/art10672.
html. Abgerufen am 23.04. 2017.

Universitätsbibliothek C.J. Senckenberg:
„Materialien zur Ausstellung ‚Heinrich
Hoffmanns Eiskeller‘". URL: https://www.
ub.uni-frankfurt.de/bsp/ausstellung/
hoffmann.html. Abgerufen am 14.05. 2017.

Walburg, Jürgen: „Vom Handwerker zum
Unternehmer". In: Frankfurter Neue Presse
vom 23.04. 2013.

Walburg, Jürgen: „Das blutige Ende eines
Lebkuchenbäckers". In: frankfurt.de. URL:
httpSs://www.frankfurt.de/sixcms/detail.
php?id=2923&_ffmpar%5B_id_inhalt%5D=
303522T23&template=nav_spez_ohne_nav.
Abgerufen am 22.05. 2017.

Wikipedia: „Frankfurter Stadtbefestigung".
URL: https://de.wikipedia.org/wiki/
Frankfurter_Stadtbefestigung. Abgerufen am
13.05. 2017.

Wikipedia: „Frankfurter Stadtgeläute". URL:
https://de.wikipedia.org/wiki/Frankfurter_
Stadtgeläute. Abgerufen am 17.04. 2017.

Wikipedia: „Krönung der römisch-deutschen
Könige und Kaiser". URL:https://de.
wikipedia.org/wiki/Krönung_der_römisch-
deutschen_Könige_und_Kaiser. Abgerufen
am 10.04. 2017.

Wikipedia: „Messe Frankfurt". URL: https://
de.wikipedia.org/wiki/Messe_Frankfurt.
Abgerufen am 16.04. 2017.

Wikipedia: „Salzhaus (Frankfurt am Main)".
URL: https://de.wikipedia.org/wiki/
Salzhaus_(Frankfurt_am_Main). Abgerufen
am 24.04. 2017.

Wikipedia: „Staufenmauer". URL: https://
de.wikipedia.org/wiki/Staufenmauer.
Abgerufen am 10.05. 2017.

Wikipedia: „Steinernes Haus (Frankfurt am
Main)". URL: https://de.wikipedia.org/wiki/
Steinernes_Haus_(Frankfurt_am_Main),
Abgerufen am 12.03. 2017.

Wikipedia: „Susanna Margaretha Brandt".
URL: https://de.wikipedia.org/wiki/
Susanna_Margaretha_Brandt. Abgerufen am
10.05. 2017.

Wikipedia: „Voltaire". URL: https://de.
wikipedia.org/wiki/Voltaire#cite_ref-14.
Abgerufen am 19.04. 2017.

Wikipedia: „Weißfrauenkirche". URL: https://
de.wikipedia.org/wiki/Weißfrauenkirche.
Abgerufen am 19.04. 2017.

Wikipedia: „Württemberger Hof". URL:
https://de.wikipedia.org/wiki/
Württemberger_Hof. Abgerufen am 19.04.
2017.

Wolff, Carl; Jung, R.: Die Baudenkmäler in
Frankfurt am Main. Band 1: Kirchenbauten.
Frankfurt am Main 1896, S. 110 ff.

Wolff, Carl; Jung, Rudolf: Die Baudenkmäler
von Frankfurt am Main – Band 2, Weltliche
Bauten. Frankfurt am Main 1898, S. 46 ff.,
239-245.

Wunderlich, Dieter: Unerschrockene Frauen.
Elf Porträts. München 2013.

ZDF Mediathek: „Skandal. Der Fall Nitribitt
1957". URL: https://www.zdf.de/
dokumentation/zdfinfo-doku/skandal-der-
fall-nitribitt-1957-102.html. Abgerufen am
23.05. 2017.

Bildnachweis

S. 44: Bernd Kammerer
S. 46: Frankfurter Neue Presse
S. 94: Sven Moschitz
S. 96: Frankfurter Neue Presse
S. 150: Sebastian Watta
S. 152: Markus Bechtold

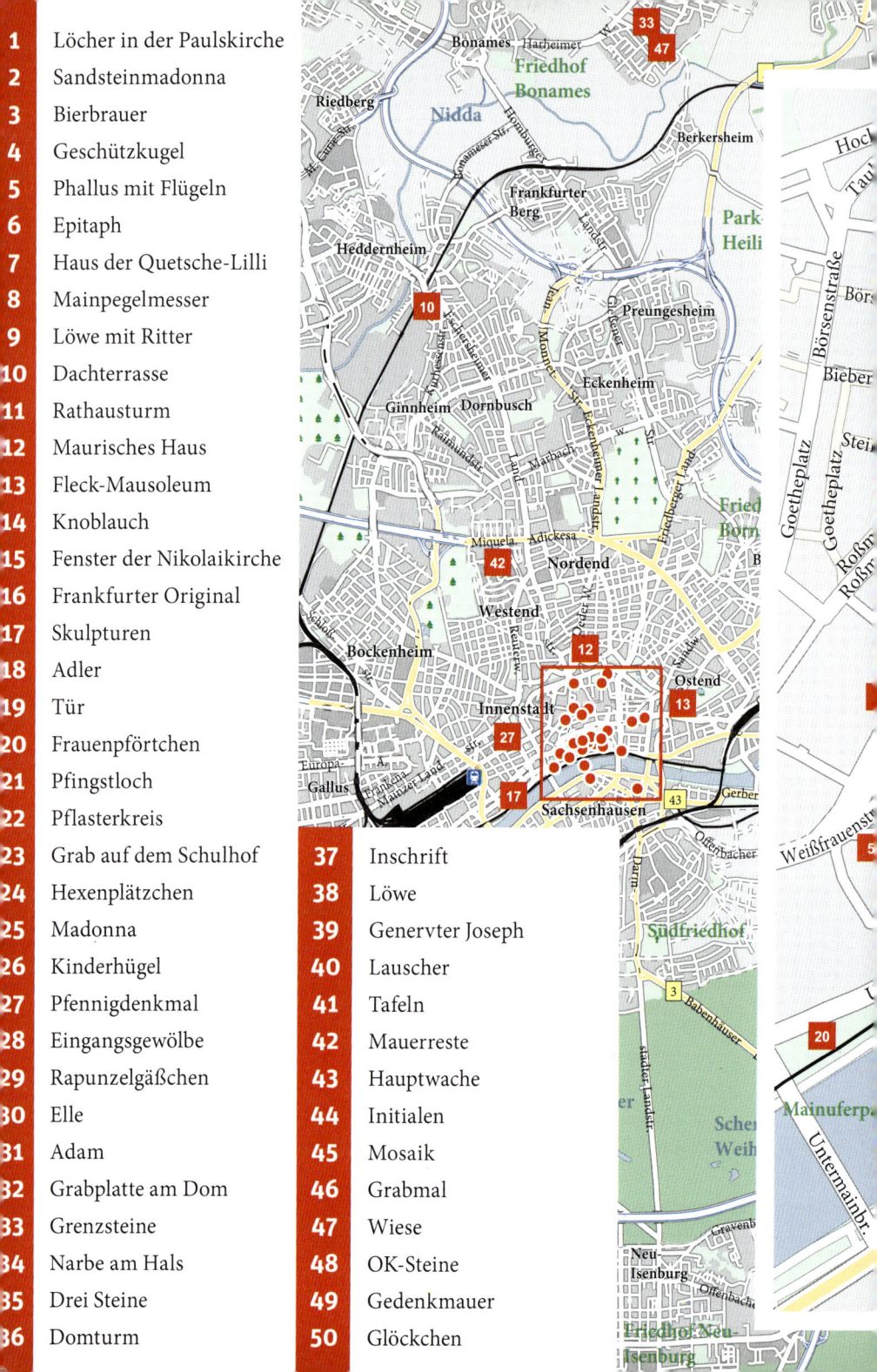

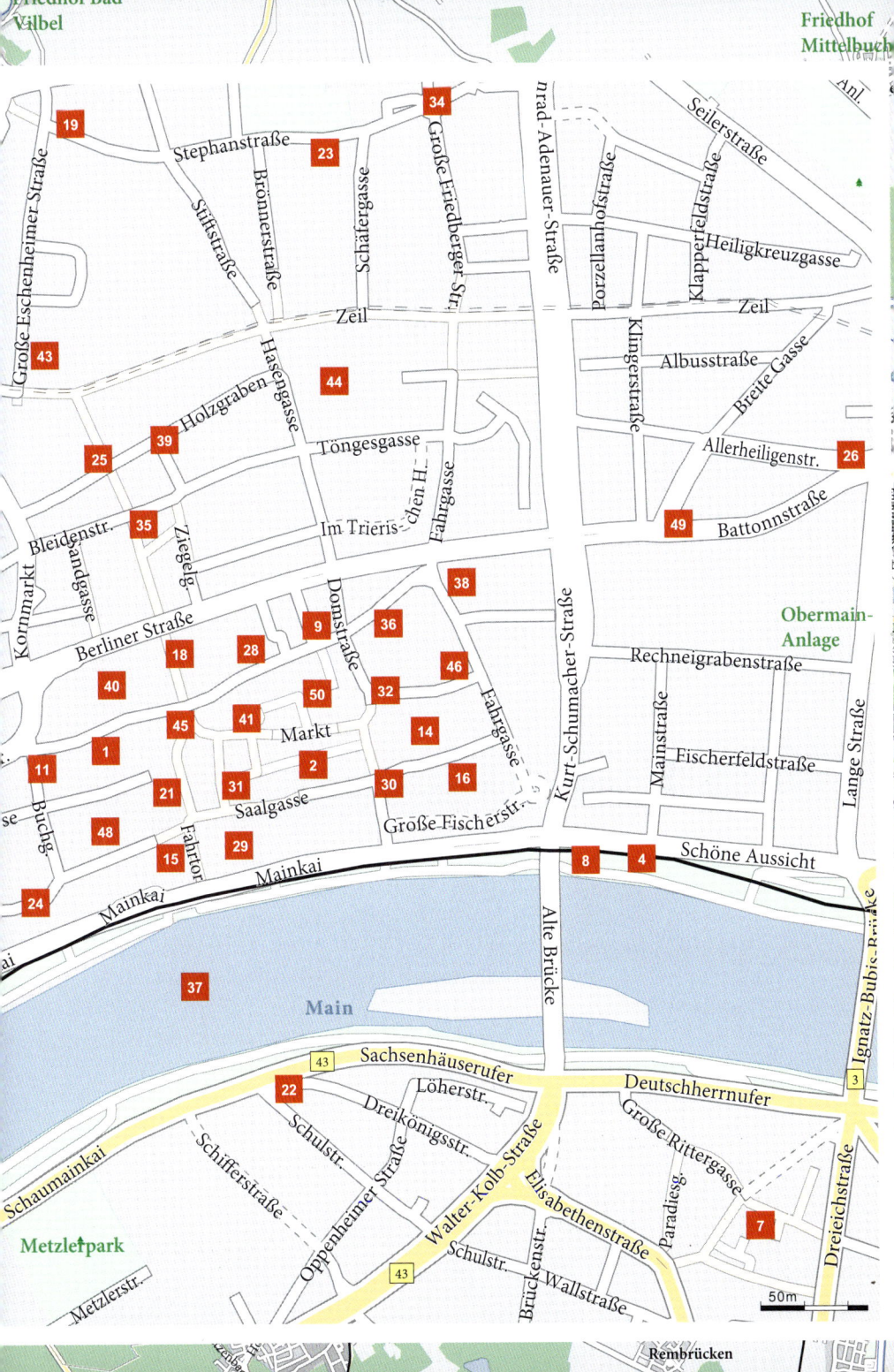

Hier gibt es sachkundige Informationen:

Nina Adam - Stadtführungen zu Geschichte und Gegenwart
Zertifizierte Gästeführerin der Stadt Frankfurt. Geprüfte Stadtführerin der Stadt Hanau. Touren in deutscher, englischer und französischer Sprache.
Telefon: 0176/56589406
E-Mail: mail@nina-adam.de
Homepage: www.nina-adam.de

Sören Appuhn
Gästeführer
Else-Alken-Straße 8
60528 Frankfurt am Main
Telefon: 069/5969752
Mobil: 0173/9657144
E-Mail: soeren.appuhn@t-online.de
Homepage:
www.stadtfuehrung-frankfurt.de

Mikael GB Horstmann
Berufsflaneur und Museumskurator. Kulinarische, literarische und architektonische Stadtführungen und Wanderungen in und um Frankfurt. Museumsführungen und Tafelkultur-Seminare.
Telefon: 069/34878257
Homepage: www.stadtfuehrerei.de
Homepage: www.tafelkultur.com
Homepage: www.herr-mika.com

Elisabeth Lücke
Gästeführerin Frankfurt und Autorin
Homepage: www.elisabeth-luecke.de

Frankfurter Stadtgeschichten
Öffentliche und private Stadtführungen zu unterschiedlichen Themen in Frankfurt: Hauptfriedhof, IG Farben, Rosemarie Nitribitt, Deutsche Geschichte u.v.m.
Frank Seibold (Gästeführer)
Telefon: 069/95153222
E-Mail:
info@frankfurter-stadtgeschichten.de
Homepage:
www.frankfurter-stadtgeschichten.de

Stefanie Reimann
Führungen und Stadtrallyes in Frankfurt am Main - Spezialangebote für Schulklassen und Kleingruppen, spielerische Stadterkundungen für Kinder, Jugendliche und Familien.
Telefon: 069/78987998
Mobil: 0173/3410732
E-Mail:
info@fuehrungen-frankfurt.de
Homepage:
www.fuehrungen-frankfurt.de

Verena Röse
„Geschichten statt Jahreszahlen":
Individuelle Stadtführungen durch
Frankfurt am Main
Telefon: 0177/2803604
E-Mail: verena.roese@
stadtfuehrungenfrankfurt.de
Homepage:
www.stadtfuehrungenfrankfurt.de

Sascha Stefan Ruehlow
Gästeführer
Neuenhainer Straße 30
60326 Frankfurt.
Telefon: 069/56998296
Homepage: www.dark-frankfurt.de

Alexander Ruhe
„Geschichte kommt von Geschichten,
nicht von Jahreszahl" unter diesem
Motto führt der Historiker,
Stadtführer und zertifizierte
Gästeführer in humorvollen
Geschichten durch Frankfurt und
Umgebung. In „Zivil" oder auch in
Kostümen. Zu Fuß, mit dem Bus, mit
dem Schiff oder dem Ebbelwein-
Express.
Telefon: 0151/58804741
E-Mail: ruhe@fws-ffm.de
Homepage: www.
kostuemfuehrungen-frankfurt.de

Anne Katrin Schreiner
Frankfurt macht neugierig -
Stadtführungen für Gruppen:
Facettenreiches FFM, Wolkenkratzer-
Tour, Rund um die neue EZB, Kunst
im Stadtraum und viele weitere

Themen.
Telefon: 0177/5889179
E-Mail: akschreiner@gmx.de
Homepage:
www.stadtfuehrungfrankfurt.de

Christian Setzepfandt
Stadtführer, Führungen in Frankfurt
zu historischen und aktuellen
Themen, Führungen zu Biographien
bekannter und unbekannter
Frankfurter, Führungen zu
Architektur und Städtebau.
Mauerweg 18
60316 Frankfurt
Telefon: 069/94318863
E-Mail: setzepfandt@t-online.de
Homepage: www.kultours.de

VIATOUR - Adriane Dolce
Stadtführungen und
Rahmenprogramme in Frankfurt und
Umgebung. Entdeckungsreisen zu
Land und Leuten, Geschichte, Kultur
und Kulinarik - die individuellen
Touren beeindrucken mit
außergewöhnlichen Einblicken.
Arndtstr. 34/36
60325 Frankfurt am Main
Telefon: 069/97781785
E-Mail: adriane.dolce@viatour.de
Homepage: www.viatour.de

Björn Wissenbach
Stadtführer
Mobil: 0163/3807622

....

Publikationen:

Bauer, Thomas; Setzepfandt, Christian (Hrsg.): Goethe in Frankfurt: „Goethe und die Kunst" vom 21. Mai bis 7. August in der Schirn-Kunsthalle Frankfurt. In: Vernissage Jg. 2, Nr. 5: Vernissage Frankfurt. Heidelberg 1994.

Berger, Frank; Setzepfandt, Christian: 101 Unorte in Frankfurt, Frankfurt am Main 2011.

Berger, Frank; Setzepfandt, Christian: 102 neue Unorte in Frankfurt. Frankfurt am Main 2012.

Berger, Frank; Setzepfandt, Christian: 103 Unorte in Frankfurt, Frankfurt am Main 2013.

Boerdner, Britta; Braunholz, Peter; Setzepfandt, Christian: Der Frankfurter Hauptfriedhof, Frankfurt am Main 2009.

Börchers, Sabine: Ernst Gerhardt – Der Frankfurter Pontifex, Frankfurt 2015.

Lücke, Elisabeth: Spurensuche Frankfurt am Main – Rundgänge durch die Geschichte, Erfurt 2008.

Lücke, Elisabeth: Spurensuche Frankfurt am Main – Neue Rundgänge durch die Geschichte, Erfurt 2013.

Setzepfandt, Christian: Architekturführer Frankfurt am Main/ Architectural Guide, Berlin 2002.

Setzepfandt, Christian: Geheimnisvolles Frankfurt am Main: Bekanntes und Unbekanntes neu entdeckt, Gudensberg-Gleichen 2003.

....

Besuchen Sie uns im Internet: **www.bast-medien.de**

Haftungsausschluss

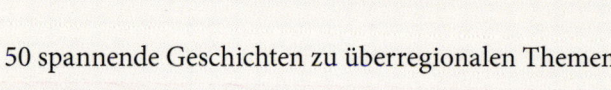